NOTES HISTORIQUES

SUR LA

MAISON DE RETRAITE

DES PRÊTRES

du diocèse de Lyon.

LYON
EMMANUEL VITTE, ÉDITEUR
3, Place Bellecour, 3.

1899

NOTES HISTORIQUES

SUR LA

Maison de Retraite des Prêtres

DU DIOCÈSE DE LYON

LYON. — IMPRIMERIE EMMANUEL VITTE, RUE DE LA QUARANTAINE, 18.

NOTES HISTORIQUES

SUR LA

MAISON DE RETRAITE

DES PRÊTRES

du diocèse de Lyon.

LYON
LIBRAIRIE GÉNÉRALE CATHOLIQUE ET CLASSIQUE
EMMANUEL VITTE, DIRECTEUR
Imprimeur-Libraire de l'Archevêché et des Facultés catholiques,
3, Place Bellecour et rue de la Quarantaine, 18.

1899

A MONSEIGNEUR LE CARDINAL

ARCHEVÊQUE DE LYON

Eminence,

C'est une parole tombée, un jour de vos lèvres, qui m'a encouragé dans la recherche de ces NOTES HISTORIQUES *sur la Maison de Retraite des prêtres de votre Diocèse.*

J'ai été heureux d'obtempérer à ce désir, et aujourd'hui, j'ai l'honneur de déposer, entre les mains de Votre Eminence, le fruit de mes recherches.

Daignez, Monseigneur, bénir cette œuvre modeste et en bénir l'humble auteur.

M. B.

ARCHEVÊCHÉ

DE

LYON

✝

VERNAISON, 1ᵉʳ octobre 1898.

Si la reconnaissance nous fait un devoir de garder le souvenir de tous les Bienfaiteurs du Diocèse, il était dans l'ordre de conserver dans nos archives, et de perpétuer surtout dans les cœurs, la mémoire des Archevêques de Lyon et de toutes les âmes généreuses, ecclésiastiques et laïques, qui ont donné aux prêtres âgés ou infirmes une retraite honorable.

Nous sommes heureux que ce travail historique ait été entrepris; et, dans un sentiment de gratitude respectueuse, inspiré par le grand bien qui se réalise à Vernaison, Nous prions Dieu de répandre sur l'auteur de cette histoire, et sur l'œuvre elle-même, les bénédictions les plus précieuses et les plus abondantes.

Le Cardinal COULLIÉ,

Archevêque de Lyon et de Vienne.

PRÉFACE

S'il est vrai que les peuples les plus heureux sont ceux qui n'ont pas d'histoire, le bonheur doit être grand dans la Maison de Retraite des prêtres de Lyon, car elle n'a pas d'histoire et très peu de documents.

Cette maison a pourtant un passé et une vie dignes du plus vif intérêt. Tant d'hommes distingués et savants y ont vécu, tant de saints prêtres y sont venus mourir, après s'être sanctifiés dans les humbles et rudes travaux du ministère paroissial ou des missions, qu'il y aurait à écrire de belles et intéressantes biographies.

Mais ces hommes de Dieu ont songé, paraît-il, à se sanctifier sans se préoccuper de savoir si quelqu'un écrirait leur histoire. Ils avaient raison, sans doute; mais, à ces conditions, nous restons pauvres, bien pauvres.

Je viens essayer de glaner quelques épis, dans ce vaste champ; d'autres plus heureux pourront, plus tard, je l'espère, y recueillir une abondante moisson. Quant à moi, n'aurais-je obtenu d'autre succès que de m'édifier profondément en pénétrant, dans l'intimité, en quelque sorte, de ces saints prêtres, je serais amplement récompensé.

Ce modeste travail comprendra deux parties:

1° Notes sur l'Ancienne Maison de Retraite, avant la Grande Révolution.

2° Notes sur la Nouvelle Maison, la Maison actuelle.

Si j'ai pu me procurer quelques documents, incomplets il est vrai, sur l'Ancienne Maison, c'est grâce surtout à la collaboration bienveillante d'un ami intelligent et laborieux qui, à cet effet, a remué dans les archives pas mal de poussière.

Pour la Nouvelle Maison, la Maison actuelle, nous ne sommes guère plus riches. Dans les commencements, on n'enregistrait pas même l'entrée et la sortie des prêtres pensionnaires ; de sorte que, à part les dates officielles et une liste précieuse, quoique incomplète, dressée par Sœur Sainte-Rose, ancienne supérieure, et continuée par M. Brun, on en est réduit exclusivement aux déclarations de quelques rares survivants d'une génération presque éteinte.

Je serais donc excusable s'il m'arrivait de ne pas donner la note absolument juste. Mais je serai toujours sincère et, donnant pour douteux ce que je crois douteux, je n'affirmerai rien qu'avec l'appui de documents sérieux.

On trouvera peut-être qu'il y a des détails trop minutieux ; mais on daignera se rappeler que ceci est écrit pour Mémoire, et spécialement pour les prêtres de la Maison, que ces détails intéresseront peut-être.

S. E. LE CARDINAL DE BONALD
Fondateur de la Maison de retraite de Saint-François-de-Sales,
à Vernaison, (1843).

PREMIÈRE PARTIE

Erection de l'Ancienne Maison de Retraite des Prêtres de Lyon à la Croix-Rousse.

Depuis longtemps sans doute le besoin d'une maison de retraite pour les prêtres s'était fait sentir dans notre diocèse. Il est permis de le conclure des considérants d'une supplique adressée par le Clergé lyonnais, en 1735, à Mgr de Rochebonne, à l'effet d'obtenir la création de cet établissement.

Cette pièce, qui fut prise par Mgr l'archevêque en si haute considération qu'elle obtint un plein succès, mérite d'être citée en entier et d'être conservée dans nos archives diocésaines.

Supplique du Clergé pour l'établissement d'un Séminaire ou Maison de retraite.

A Monseigneur l'Illustrissime et Révérendissime Charles-François de Châteauneuf de Rochebonne, etc.

« Supplient humblement les prêtres de votre diocèse, et en leur nom les soussignés, et représentent à Votre Grandeur le grand besoin d'une maison pour servir de refuge aux prêtres, à qui le grand âge ou les infirmités ne permettent plus de travailler. En effet, quoi de plus triste que de voir, comme il n'arrive que trop souvent dans cette grande ville et dans ce vaste diocèse, des ministres du Dieu vivant, ces personnes si respectables par leur caractère, ces pères du peuple, livrés aux horreurs de la dernière misère, traîner les restes d'une vie languissante, avec des ennuis dont on ne peut donner une juste idée, réduits, les uns à mendier honteusement, les autres à souffrir les rebuts de leurs parents, et presque tous à mourir dans la privation des secours si nécessaires pour le terrible passage du Temps à l'Eternité? Quel opprobre pour la Religion ! Les oints du Seigneur abandonnés, les pierres du sanctuaire foulées aux pieds et devenues un objet de mépris et la risée publique. Refusera-t-on, à ceux qui sont honorés de la dignité du Sacerdoce, ce qu'on accorde aux derniers d'entre les fidèles?

« Les suppliants, touchés par tant de motifs si pressants, recourent à Votre Grandeur à ce qu'il vous plaise, Monseigneur, pour la plus grande gloire de Dieu et le salut des âmes, ériger et établir dans votre diocèse une congrégation qui serve de refuge et d'hospice aux prêtres âgés et infirmes, afin qu'ils puissent finir leur carrière avec piété et édification, et se préparer au redoutable jugement de Dieu.

« Les suppliants continuent leurs vœux pour la prospérité de Votre Grandeur

« *Signé :* Rochefort, vic. gén. — Dupré, custode de Sainte-Croix. — Terrasson, custode. — Thévenet, sacristain de Saint-Nizier.—Dugad, curé de St-Pierre.—Malgloire, curé de la Platière. — Buisson, vicaire de Saint-Vincent, *pro rectore absente*. — Buisson, prêtre. — Biclet, prêtre. — Charton, prêtre. — Chantre, pr. — Chartier, vicaire de de Saint-Nizier, pour tous ses confrères. — Jayol, vicaire de Saint-Georges, *pro rectore absente*. — Gindre, vicaire de Saint-Pierre-le-Vieux. — Rolichon, curé de Saint-Pierre-le-Vieux. — Simon, vicaire de Sainte-Croix. — Paurel, curé de Tartaras. — Pierre Maurin, curé de Vaise. — Girard, ancien curé de Saint-Loup. — De Saint-Nizier, sacristain de Saint-Paul.

« 24 septembre 1735. »

*
* *

Mgr de Rochebonne, touché profondément, sans doute, par cette requête, accueillit favorablement la demande du clergé et donna immédiatement son acceptation :

« Vu la présente requête, consentons à l'érection de la congrégation, en justifiant par les suppliants des fonds nécessaires et moyens pour y parvenir.

« A Lyon, 23 septembre 1735.

« *Signé :* l'Archevêque de Lyon
« Par Monseigneur : Carrier, secret. »

L'acceptation du consulat était nécessaire, et elle ne se fit pas longtemps attendre.

« Le prévôt des marchands et échevins de la ville de Lyon, vu par nous la présente requête, et après avoir examiné les justes et pieux motifs qui doivent faire désirer l'établissement proposé par les suppliants, nous y consentons en tant que de besoin sous le bon plaisir du Roy, à condition que la nouvelle congrégation ne sera point à charge à la ville, promettant même de leur assurer un emplacement convenable en cette ville, lorsqu'il aura plu à Sa Majesté de leur accorder des lettres patentes pour en faire l'acquisition.

« Délibéré au Consulat le 8 mars 1736.

Signé : Perrichon. — Ollivier. — Tarrent. — Bras. — Pierre Hachat. »

Pendant qu'on remplissait ces formalités et qu'on postulait les lettres patentes du roy, quelques prêtres du diocèse, désireux d'inaugurer cette vie commune, adressèrent une supplique à Monseigneur l'archevêque, le priant de les autoriser à se retirer ensemble dans une maison de louage, située au faubourg de la Croix-Rousse.

Voici cette supplique :

> « A Monseigneur Illustrissime et Révérendissime Charles-François de Châteauneuf de Rochebonne, archevêque, comte de Lyon, Primat de France.

« Supplient humblement Jean Paurel, ancien curé de Tartaras, Jean Coquard, sociétaire de Tarare, Jacques Girard, ancien curé d'Epercieux, Jean-Baptiste Nicolas, ancien curé de Saint-Loup, et remontrent à Votre Grandeur que, le 23 septembre 1735, plusieurs de Messieurs les curés et autres ecclésiastiques de la ville et du diocèse de Lyon lui auraient présenté une requête tendant à ce qu'il lui plaise ériger et établir dans la dite ville, pour la plus grande gloire de Dieu et l'utilité de son clergé, une communauté, séminaire ou congrégation, qui eût pour but de recevoir les prêtres âgés ou infirmes, et tels autres qu'il plairait à Votre Grandeur d'y recevoir. Laquelle requête, elle avait voulu, pour l'utilité publique, appointer et agréer le dit établissement. Qu'ensuite Messieurs les prévôts des marchands et échevins auraient aussi et autant que de besoin, et en ce qui les concerne, consenti à la dite érection, comme il parait par leur délibération, donnée au consulat de la dite ville de Lyon, le 8 mars de l'année 1736 ; qu'enfin les dits suppliants se seraient pourvus, par les ordres et de l'agrément de Votre Grandeur, d'une maison de louage, située au faubourg de la Croix-Rousse, dans la paroisse de la Platière, laquelle serait propre pour commencer le dit établissement, dans laquelle aussi serait un lieu convenable pour célébrer les saints mystères. De sorte qu'il paraît que les suppliants pourraient, dès à présent, sous l'autorité et le bon plaisir de Votre Grandeur, s'assembler dans la dite maison, jusqu'à ce qu'il plaise à la Providence leur fournir des moyens suffisants pour l'avancement de cette bonne œuvre. Le tout considéré, Monseigneur, les suppliants concluent à ce qu'il plaise à Votre Grandeur approuver de rechef la dite communauté, séminaire ou congrégation, pour être érigée sous le vocable de saint Pothin, premier évêque et martyr de Lyon, agréer les dits suppliants pour en commencer l'établissement sous l'autorité de Votre Grandeur et de Nos Seigneurs les Archevêques de Lyon vos successeurs; leur permettre en conséquence de retirer chez eux les prêtres et ecclésiastiques âgés et infirmes qu'il plaira à Votre Grandeur de recevoir dans la dite communauté pour y être secourus et soulagés dans leurs besoins, en observant par eux les règlements qui seront incessamment dressés et présentés à Votre Grandeur pour être approuvés et revêtus du sceau de votre autorité. Concluent, en outre, les dits suppliants qu'il vous plaise, Monseigneur, leur désigner un supérieur pour conduire la dite communauté, et un procureur pour veiller au bien temporel de la maison, et ordonne enfin qu'il soit choisi dans icelle un lieu autant décent qu'il sera possible pour y célébrer les divins mystères. Les suppliants continueront leurs vœux pour la prospérité et la santé de Votre Grandeur. »

Signatures.

*
* *

C'est avec une vive satisfaction que Monseigneur de Rochebonne accepte la supplique de ces prêtres, et, le 14 janvier 1737, il leur répond par une autorisation solennelle, qu'on peut regarder comme la fondation de la Maison de Retraite pour les prêtres âgés ou infirmes du diocèse, sous le vocable de saint Pothin, premier évêque de Lyon.

« Vu la présente requête, louant le zèle des suppliants, que nous exhortons à persévérer et à soutenir par leur piété de si heureux commencements, leur *avons permis et permettons* par les présentes de s'assembler et de vivre en communauté dans tel lieu de cette ville ou des faubourgs qu'ils jugeront convenable, de recevoir parmi eux, et néanmoins de notre agrément, ceux qu'un esprit d'édification et de retraite animera dans le même dessein. Avons à cet effet *érigé* et *établi* la dite *communauté, séminaire* ou *congrégation* de prêtres, sous le titre et le vocable de saint Pothin, premier évêque de Lyon. Laquelle demeurera sujette et soumise à notre autorité, visite, juridiction, et de nos successeurs archevêques à perpétuité, nous réservant le droit de nommer le supérieur, procureur et autres officiers nécessaires au gouvernement du spirituel et temporel de la dite maison ; de choisir, nommer les nouveaux dès que le besoin l'exigera ; de donner conformes et homologues les règlements pour l'intérieur de la dite communauté, que nous prenons sous notre protection.

« Donné à Lyon dans notre palais et sous le scel archiépiscopal ce 14 janvier 1737.

« *Signé :* Archevêque de Lyon,
« par Monseigneur : Carrier, secrét. »

* *

Enfin, arrivèrent les lettres patentes du roy, autorisant l'établissement de la Maison de Retraite, dite Séminaire de Saint-Pothin. J'en donne l'essentiel, en omettant la formule :

« Lettres patentes du roy, pour l'établissement du Séminaire de Saint-Pothin, en faveur des prêtres caducs et infirmes du diocèse de Lyon, données à Paris le 24 juin 1737, registrées en Parlement.

« Pour le Parlement : *Signé* Louis ; par le roy : *signé* Amelot, à Paris, le 6 septembre 1737. Visées : *signé* d'Aguesseau ; *signé* Isabeau. »

* *

Bientôt après, un arrêt du Parlement, 13 août 1737, ordonne qu'avant l'enregistrement des lettres patentes, il soit procédé à une enquête *de commodo et incommodo* dudit établissement, et que ces lettres patentes soient communiquées à l'Archevêque, aux Doyen, Chanoines et Chapitre de l'église cathédrale, et aux Syndics et Députés du diocèse.

En conséquence, le 23 août 1737, le Chapitre se réunit et délibéra ainsi que suit :

« Délibération du Chapitre de l'église de Lyon convoqué au son de la cloche à la manière et heures accoutumées où étaient :

« Illustres Seigneurs, Messires Hector de Lévy, précenteur ; Joseph-François de Dortan, chantre ; François de Sarron, chamarier ; Antoine de Montmorillon, sacristain ; Claude-François de Roussillon, maître de chœur ; Guy-Joseph de Maugiron ; Alexandre de Montjouvent ; François-Marie le Maistre de la Garlaye ; Gabriel-

César de Saint-Aulbin; Jean de Chabans; François du Villars.

« Les capitulaires approuvent le zèle et les bonnes intentions de Mgr l'Archevêque, et en conséquence ont consenti à l'enregistrement des lettres patentes du Séminaire de Saint-Pothin.

« La cour est priée de procéder audit enregistrement, d'y ajouter qu'il y aura dans ledit Séminaire une place qui sera à perpétuité de la nomination du Chapitre, à laquelle condition Monseigneur a consenti.

« *Signé* à la minute :
« de Lévy précenteur, pour le Chapitre, et Debilly, secrétaire. »

*
* *

Le 26 août, trois jours après la réunion du Chapitre, Mgr l'Archevêque convoqua le clergé de la ville de Lyon au Séminaire de Saint-Irénée, et après lui avoir fait part des lettres patentes du roy du 22 juin et lui avoir communiqué l'arrêt du Parlement, en date du 13 août, ordonnant l'enquête, il donne la parole au précenteur du Chapitre, M. de Lévy.

Le précenteur dénonce l'utilité du dit Séminaire de Saint-Pothin, et ses paroles sont approuvées par toute l'assemblée. On dresse alors procès-verbal.

« Lundi 26 août 1737, à neuf heures du matin, dans le Séminaire de Saint-Irénée de cette ville, a été tenue assemblée du clergé de Lyon, convoquée par l'Illustrissime et Révérendissime Seigneur, Mgr Charles-François de Châteauneuf de Rochebonne, etc.

« Dans laquelle assemblée se sont trouvés :

« Mgr l'Archevêque, président en icelle, Illustres et Révérends Messires Hector de Lévy, précenteur, et

Antoine de Montmorillon, sacristain, chanoines de l'église de Lyon, députés de leur chapitre ;

« Vénérables Messires Antoine Lacroix, prêtre, docteur en Sorbonne, obéancier, et Nicolas Chapuy, chanoine de l'église collégiale de Saint-Just de Lyon, députés de leur Chapitre ;

« Vénérables Messires Octavien Cholier et Jean-Pierre Roland de la Roche, chanoines de l'église collégiale de Saint-Paul, députés de leur Chapitre ;

« Vénérables Messires Louis de la Croze de Faramant et Marie-Eleazard de Valarnod, chanoines de l'église collégiale d'Ainay, députés de leur chapitre ;

« De Rivery d'Echalas, sacristain de la Platière de Lyon, ordre de Saint-Ruf ;

« Frères François Tessier, procureur, et Joseph Puy, religieux du couvent des Célestins à Lyon ;

« Messire Vincent Morellet, prêtre aumônier de la dame abbesse de Saint-Pierre de Lyon, et faisant pour ladite dame ;

« Et Messire Mathieu Boësse, docteur en droit, chanoine de l'église collégiale de Saint-Just de Lyon, syndic du clergé ;

« L'assemblée ayant approuvé, Mgr l'Archevêque prononce que le Clergé de Lyon consent au susdit établissement et à l'enregistrement des lettres patentes.

« Les ecclésiastiques ne pourront être admis dans ledit Séminaire qu'ils n'aient servi ou qu'ils servent actuellement dans le diocèse de Lyon.

« *Signé :* Charessier, secr.
« Signature approuvée par l'archevêque. »

*
* *

Le 28 août 1737, Mgr l'Archevêque vint lui-même apposer son consentement à l'enregistrement des lettres patentes du Séminaire de Saint-Pothin :

« Charles-François de Châteauneuf de Rochebonne, vu les lettres patentes accordées par Sa Majesté, le 22 juin de la présente année, pour autoriser l'établissement d'un Séminaire sous le vocable de saint Pothin, premier évêque de Lyon, dans une maison de cette ville, pour les prêtres caducs et infirmes ;

« Vu l'arrêt de la cour du 13 du présent mois qui ordonne qu'avant l'enregistrement des dites lettres patentes, elles nous soient communiquées pour y donner notre consentement.

« Nous estimons que cet établissement est utile et honorable, puisque les prêtres caducs et infirmes y trouveront un asile contre la pauvreté pour la décharge de leur famille, et les disposera à finir saintement leur vie.

« A cet égard, nous y donnons volontiers notre consentement, aux conditions que le dit séminaire sera sous notre juridiction immédiate et de nos successeurs archevêques de Lyon ; que nous nommerons les Supérieurs et autres officiers de la dite maison ; que nous ferons, et nos successeurs archevêques de Lyon, tous les règlements nécessaires pour l'administration du spirituel et du temporel du dit séminaire, sauf à y changer dans la suite, par nous et nos successeurs, ce qui sera convenable ; ajouter ou diminuer suivant les circonstances qui peuvent arriver et que l'on ne saurait prévoir ; que les seuls ecclésiastiques de la Ville et du diocèse de Lyon, et les prêtres étrangers qui y auraient travaillé à notre satisfaction pendant l'espace de dix ans, y seraient reçus.

« Agréons, suivant la déclaration de Messieurs les doyens, Chanoines-Comtes de Lyon, qu'un prêtre de l'église métropolitaine qui serait caduc ou infirme, y soit admis à leur choix pour recevoir dans cette maison tous les secours nécessaires.

« Donné à Lyon dans notre Palais et sous notre scel archiépiscopal, le 28 du mois d'août 1737.

« L'Arch. de Lyon,
« Par Monseigneur,
« Carrier, secr. »

***

L'enquête *de commodo et incommodo* était terminée ; alors le Parlement donna ordonnance de registrer les lettres patentes (6 sept. 1737).

En conséquence la Cour des Comptes rend son arrêt d'enregistrement :

« Arrêt de la Cour des Comptes autorisant de doter le dit séminaire tant par réunion des bénéfices jusqu'à la somme de 5.000 livres de revenu annuel, tant par l'assignation de pensions sur les bénéfices, autre toutefois que des cures ; et permet à l'Archevêque d'imposer jusqu'à la somme de 5.000 livres son clergé. »

« 16 sept. 1737. »

***

Le Séminaire de Saint-Pothin, ou maison de retraite pour les prêtres, était fondé.

Il avait d'abord été établi dans une maison de louage située à la Croix-Rousse, mais il ne tarda pas à devenir propriétaire. En effet, un domaine situé à la Croix-Rousse également, fut acheté des héritiers de François Bonnardet, Claudine Jourdan sa veuve et d'André Bonnardet son fils, ou plutôt de leurs créanciers, par acte du 28 août 1738, au prix de 22.500 livres.

Cette propriété, appelée Garenga et Champ de Saint-Paul, longeait le chemin qui a pris de là son nom, nom qu'il porte encore, rue Saint-Pothin, et est occupée aujourd'hui par les Religieuses cloîtrées de Sainte-Elisabeth, qui en firent l'acquisition en 1831. Savent-elles ces bonnes religieuses que le sol qu'elles foulent, la chapelle où elles prient, les appartements qu'elles habitent ont été jadis sanctifiés par des prêtres infirmes et souffrants ?

Ce domaine de 32 bicherées (plus de 4 hectares), contenant bâtiments pour maître et pour valets, écurie, tenière, cave, cour puits, jardin, vigne, etc., comprenait trois lots : les 8 bicherées du côté septentrional, où étaient les bâtiments, étaient mouvantes de la rente de Cuire, et chargées de quatre sous viennois, une geline et deux tiers d'autre geline, payables d'abord à la comtesse de Cuire, marquise de Châteauneuf de Rochebonne, et ensuite au Chapitre de Saint-Paul. Les douze bicherées suivantes qui, en 1543, avaient relevé de noble Jean de Cléberger, dit le bon Allemand ou l'Homme de la Roche, ainsi que de sa veuve Dame Pérone de Bazine, l'héroïne de la Légende de la Tour de la Belle-Allemande, relevaient actuellement du Chapitre de Saint-Paul et étaient chargées de cinq bichets de seigle ras. C'était la rente Saint-Sacerdos. Enfin les douze dernières bicherées du côté oriental formaient la rente de Papelonge aux comtes de Lyon, et étaient chargées de douze deniers forts.

Toutes ces redevances, les prêtres de Saint-Pothin s'engagèrent par actes officiels à les payer à la Saint-Martin d'hiver.

Pour le payement de la propriété, Messieurs les prêtres du Séminaire soldèrent immédiatement 2.500 livres. Et pour l'acquittement des 20.000 autres livres, ils se les procurèrent en constituant diverses rentes : une en faveur de Messire Bonaventure Rougnard, chanoine de Fourvière, qui versa 7.000 livres ; une seconde en faveur de Dame veuve Ruolz ; qui versa 6.000 livres, et une troisième en faveur de Mlle Suzanne-Elisabeth Rivoire, bourgeoise de Lyon, qui versa 7.500 livres. Et lorsqu'ils eurent réalisé ces différentes sommes, ils furent obligés d'adresser une sommation aux créanciers Bonnardet afin qu'ils eussent à recevoir le prix convenu de la propriété.

Mais lorsqu'ils se présentèrent pour prendre possession de la propriété par eux acquise et payée, ils eurent la surprise de trouver les portes closes. Ni la veuve Bonnardet ni son fils, quoique convoqués, ne comparurent ; et un valet, trouvé dans le domaine, déclara ne les avoir vus depuis huit jours ; les voisins interrogés refusèrent de répondre. Dans ces conditions, un serrurier requis par exploit de M° Perrodon, procureur, ouvrit avec ses crochets la porte principale, ainsi que les portes des appartements et des armoires. Nouvelle surprise, on constata qu'il manquait plusieurs objets mobiliers portés dans l'inventaire et compris dans la vente ; deux lits de plumes, deux tours de lit en mouquette rouge et verte, quatre chaises en noyer et la moitié des tuyaux de fer-blanc qui sont destinés à la conduite du vin du cellier dans la cave. Les sieurs du Séminaire dressèrent protestation.

D'autre part, ils trouvèrent plusieurs objets qui n'étaient pas compris dans l'état de vente : une marmite et son couvercle, un chandelier, une bouteille en cuir bouilli, trois tonneaux de vin tourné, une meule de blé, etc... Le tout était laissé à la disposition des héritiers Bonnardet.

Le même jour, 10 septembre 1738, les prêtres du

Séminaire de Saint-Pothin prirent possession de l'immeuble, et, pour preuve d'une vraie et réelle prise de possession, le procureur fit entrer lesdits sieurs du Séminaire dans les appartements, de même que dans les fonds qui en dépendent, les en fit sortir, ouvrir, fermer, cultiver, et enfin leur fit remplir toutes les fonctions de vrais propriétaires.

Il fit en même temps défense, de par Sa Majesté et Justice, aux dits veuve et fils Bonnardet et à tous autres de troubler ni inquiéter lesdits sieurs du Séminaire dans la paisible jouissance et possession du dit domaine.

Etaient présents et entrèrent en possession du nouvel immeuble, Messire Jacques Dolmières, chanoine de l'église collégiale de Saint-Nizier, grand vicaire de Mgr l'Archevêque de Lyon, supérieur du Séminaire de Saint-Pothin ; Messire Jean Coquard, Jacques Girard, Jean-Baptiste Nicolas, Jean Paurel, tous prêtres composant le Séminaire.

*
* *

Le Séminaire était fondé, mais il fallait bâtir la chapelle et les logements ; il fallait, en outre, faire vivre et prospérer l'établissement. Il est vrai qu'il percevait une rente de 5.000 livres que Mgr l'Archevêque avait été autorisé à exiger du clergé de son diocèse, jusqu'à ce que le Séminaire eût acquis un revenu équivalent. Mais cette somme suffisait-elle ? Evidemment non, et c'est pourquoi l'Archevêque, le 12 avril 1738, autorise une quête dans le diocèse.

« Charles-François de Chateauneuf de Rochebonne, par la miséricorde de Dieu et l'autorité du Saint-Siège apostolique, archevêque et comte de Lyon, primat de France, pair de France.

« Nous permettons aux prêtres du Séminaire de Saint-

Pothin, que nous avons érigé en cette ville, pour servir d'asile aux ecclésiastiques pauvres, infirmes et caducs, de faire une quête dans notre diocèse, pour subvenir aux pressants besoins de cette maison naissante, nous exhortons les fidèles de contribuer avec zèle, par leur charité, à cette œuvre si honorable pour la religion et si nécessaire dans ce vaste diocèse.

<blockquote>Donné à Lyon, dans notre palais et sous notre sceel archiépiscopal, le 12 du mois d'avril 1738.
L'Archevêque de Lyon,
Par Monseigneur,
Carrier, secrétaire.</blockquote>

* * *

En conséquence, les prêtres de Saint-Pothin envoyèrent dans le diocèse un pressant appel. Il mérite d'être transcrit en entier :

« Voici un objet véritablement digne de votre zèle et de votre charité, et l'on peut dire que rien ne mérite mieux vos pieuses attentions, puisqu'il s'agit de soutenir l'honneur du sacré ministère, de procurer aux prêtres du Dieu vivant un puissant moyen de sanctification et de salut et d'empêcher que le caractère sacerdotal ne soit exposé à un avilissement honteux. En effet, n'est-il pas bien triste de ne voir dans ce vaste diocèse aucune maison de refuge pour les ecclésiastiques? N'est-il pas désolant de voir des personnes qui ont vieilli dans l'exercice des fonctions saintes et qui se sont épuisées par un travail long et assidu, ne point trouver d'asile où elles puissent se retirer et prendre quelque temps pour se disposer au terrible passage du Temps à l'Eternité? N'est-il pas déplorable de voir des prêtres, ces hommes si respectables, après avoir paru au saint autel et dans les chaires chrétiennes, après avoir été les dispensateurs des divins Mystères, devenir le rebut du monde, les uns mendier honteusement, loger dans des lieux peu séants à leur caractère et réduits que trop souvent à mourir dans la privation des secours les plus essentiels; d'autres exposés à occuper des postes que leurs infirmités ou leur grand âge ne leur permettent plus de servir, ou à célébrer la Sainte Messe étant aveugles ou si incommodés qu'ils ne peuvent le faire qu'avec indécence? Plusieurs enfin qui ayant eu le malheur de tomber dans la démence, ou dans une notable faiblesse d'esprit, sont errants dans les campagnes et deviennent ainsi un spectacle bien affligeant.

« Il y a longtemps qu'on désirait trouver quelque remède à des inconvénients si fâcheux ; mais grâces en soient rendues à la divine Providence, notre illustre prélat vient d'établir, en notre ville, un Séminaire sous le titre de Saint-Pothin, qui remplira un dessein si avantageux. Cette communauté sera un lieu de retraite pour les ecclésiastiques qui ne pouvant travailler voudront se séparer du monde ; elle sera le refuge de ceux qui se trouveront réduits à l'indigence; on y destinera des chambres pour ceux qui se trouveront dans un état qui ne permettra pas qu'ils soient exposés aux yeux du public; on y donnera l'hospitalité aux passants et l'on prendra des mesures pour éloigner les errants et les vagabonds qui déshonorent l'habit clérical.

« Le roy a confirmé cet établissement par des lettres patentes données le 22 juin de l'année dernière; elles ont été enregistrées au Parlement le 6 septembre suivant; on a trouvé un emplacement très convenable, et il ne s'agit plus que de conduire cette grande œuvre à une heureuse fin.

« Comme il faut des sommes considérables pour payer le dit emplacement, pour faire bâtir l'Eglise et les logements, pour les meubles et autres dépenses, nous nous adressons à vous M... avec toute la confiance que mérite votre piété, et nous vous supplions par les entrailles de la miséricorde de Dieu, et avec toutes les instances dont nous sommes capables, de concourir de tout votre pouvoir à un établissement si honorable pour la Religion, si nécessaire dans ce grand diocèse, si consolant pour les fidèles et si glorieux pour les ministres du Seigneur. Vous serez mis au nombre des premiers bienfaiteurs de cette maison naissante ; vous participerez à toutes les bonnes œuvres qui s'y feront, Dieu aidant, et vous vous attirerez une abondance de bénédictions sur la terre et une couronne immortelle dans le Ciel.

« Mais qu'est-il besoin de solliciter votre charité dans une occasion où tout parle, tout invite, tout presse si vivement qu'il n'est pas possible de résister ? Les personnes les moins sensibles sont touchées de l'importance de cette Œuvre ; les hérétiques mêmes ne peuvent s'empêcher d'y applaudir.

« Nous espérons, M..., que vous voudrez bien remettre vos libéralités à Monsieur le Curé de votre paroisse. Il aura la bonté de les envoyer à Monsieur l'Archiprêtre, qui les fera tenir, s'il lui plaît, dans un paquet cacheté et par voie sûre à Monsieur Janquet, ancien échevin, trésorier du Séminaire Saint-Pothin, près le Change, à Lyon. Nous osons encore nous flatter que vous vous souviendrez de la bonne œuvre dans vos dispositions testamentaires.

« Nous avons l'honneur d'être, avec tout le respect possible, M...

« Vos très humbles et très obéissants serviteurs,

« Les prêtres du Séminaire de Saint-Pothin.

« A Lyon, le 27 avril 1738 ».

Nota. — MM. les archiprêtres sont très humblement

suppliés de vouloir bien distribuer la présente lettre à MM. les abbés, Prieurs, Doyens, Chanoines, Vicaires, secrétaires, prébendiers et autres ecclésiastiques qui sont dans leurs archiprêtrés, comme aussi aux communautés et même aux personnes laïques qu'ils jugeront à propos.

« MM. les curés et vicaires sont très humblement suppliés de vouloir bien faire lecture à leurs paroissiens, ensemble de la permission y jointe, et d'y ajouter les motifs les plus pressants que le zèle pourra leur suggérer ; de faire faire incessamment une quête dans leurs églises ou dans leurs paroisses, selon qu'ils le jugeront le plus convenable, et pendant le temps qu'il leur plaira ; d'y joindre ce qu'ils destineront de leur côté, pour la bonne œuvre, et de remettre le tout aux archiprêtres. »

*
* *

Une requête aussi pressante dut produire un heureux résultat et procurer d'abondantes ressources. A ces ressources vinrent s'ajouter quelques fondations, ainsi que nous en trouvons des traces de 1738 à 1743. Une constitution de rente le 30 octobre 1738, une autre le 9 janvier 1739. Elles sont faites en présence de Jacques Dolmières, supérieur, Jean Coquard, procureur, Jacques Girard, directeur, Jean Paurel, J.-B. Nicolas. Une fondation pour une place d'un prêtre, faite le 22 octobre 1742, par l'abbé Rougnard, sacristain de Saint-Just, est signée : Griffon, supérieur.

Grâce à ces diverses ressources, achat du terrain et constructions, tout put être réglé.

Mais il restait toujours l'imposition annuelle de 5 mille livres qui pesait sur le diocèse. C'est sans doute pour débarrasser son clergé de cette charge onéreuse que le successeur de Monseigneur de Rochebonne, le Cardinal de Tencin, conçut dès son arrivée le dessein d'opérer un changement considérable. Il conçut le dessein de déplacer le Séminaire Saint-Pothin et de le transférer à l'Ile-Barbe, dessein qu'il mit à exécution, ainsi que nous le verrons.

* *

Il manquait à cet établissement un élément important, un élément qu'on peut appeler essentiel, il n'y avait pas de Religieuses pour le service de la maison. Les emplois étaient remplis par des hommes, des domestiques bien choisis, sans doute, mais qui n'avaient pas évidemment le dévouement et la délicatesse que l'on trouve dans la Religieuse qui a fait des vœux et qui est mue par un principe surnaturel.

D'ailleurs, eût-il été possible de se procurer des religieuses? A cette époque, l'Archevêque de Lyon n'avait pas à sa disposition, pour ses œuvres diocésaines, ces belles congrégations qui se sont fondées et ont afflué depuis ; il n'avait pas, en particulier, cette belle et féconde Congrégation des Sœurs de Saint-Joseph, qui devait plus tard apporter à cette même œuvre un si beau zèle et un si complet dévouement.

Il paraîtrait que les prêtres de la maison ne restaient pas absolument étrangers au service, car, ainsi que nous le verrons, en entrant dans la Communauté, ils s'engageaient à travailler et à se rendre utiles dans les divers emplois. Malgré toutes ces précautions, il devait y avoir dans le fonctionnement de la maison quelque chose de trop mercenaire.

* *

Dans le personnel des prêtres de Saint-Pothin figure d'abord le Supérieur. Le premier fut M. Jacques Dolmières, chanoine de l'église collégiale de Saint-Nizier, grand vicaire de Monseigneur l'Archevêque du diocèse de Lyon. Il dut exercer ces fonctions jusqu'en 1742, car à cette date, 22 octobre, on trouve comme supérieur un nommé François Griffon.

Un procureur ou économe, qui était Jean Coquard. Un directeur, Jacques Girard.

Les autres prêtres du Séminaire étaient Jean Paurel, J.-B. Nicolas, J.-M. Jubin, Pierre Gollion.

Il y avait dans la maison deux sortes de prêtres : les prêtres pensionnaires simplement et les prêtres membres de la congrégation. Pour être agrégé, il fallait obtenir l'assentiment des supérieur et membres de la congrégation, s'engager à meubler sa chambre à ses frais, à observer le règlement et à se rendre utile. L'agrégation était ratifiée par Mgr l'Archevêque.

En quittant la Croix-Rousse, ces prêtres ne partirent pas tous, ils laissèrent dans la tombe quelques-uns de leurs confrères. Nous trouvons des actes de décès : « du 7 avril 1741, M. Jean Guibert, ancien curé de Saint-Jacques en la vallée de Godomar (Gap), décédé le 6 avril, inhumé à l'âge de 80 ans, par Girard, prêtre célébrant, en présence de Jean Paurel, Jean Coquard, J.-M. Jubin, Pierre Gollion, prêtres du séminaire.

« Du 19 janvier 1743, messsire Charles Dusson, ancien chanoine de l'Eglise collégiale de Saint-Paul, à Boulogne-sur-Mer, reçu depuis environ 6 mois, âgé de 79 ans, inhumé par François Griffon, supérieur, en présence de Jean Paurel, Jean Coquard, Jacques Girard, J.-M Jubin, Pierre Golion, du séminaire.

*
* *

Nous ne pouvons savoir si c'est avec joie que les prêtres de Saint-Pothin quittèrent, après huit ans de séjour, leur maison de la Croix-Rousse, qu'ils avaient fondée et où ils avaient tant travaillé ; mais il est permis de croire qu'ils seraient partis avec regret, s'ils avaient prévu les tribulations qui les attendaient à l'Ile-Barbe.

LE SÉMINAIRE DE SAINT-POTHIN, A L'ILE-BARBE

Mgr de Rochebonne, qui avait fondé le Séminaire de Saint-Pothin et qui s'y était vivement intéressé, était mort à l'âge de 69 ans, le 22 février 1740. Son successeur, le Cardinal de Tencin, nommé la même année et mis en possession le 22 novembre, témoigna dès son arrivée le même intérêt à l'établissement.

Dans le but de lui procurer des ressourses suffisantes, tout en déchargeant son clergé de l'impôt des 5.000 livres de rente, il forma le projet de transférer cette maison à l'Ile-Barbe, dont il venait de dissoudre le chapitre en unissant au chapitre de la primatiale d'abord la manse abbatiale (1745), puis la maison capitulaire (1743) de cette ancienne communauté.

Cette translation, il l'opéra par son décret du 30 décembre confirmé par lettres patentes du Roy et enregistré en Parlement. Il supprima en même temps l'imposition faite sur le clergé, qui avait été payée jusqu'à cette époque, même pendant la vacance du siège. C'est ce qu'établit un permis de Mgr l'Evêque d'Autun, administrateur-né pendant la vacance.

« Mgr Gaspard de la Valette, évêque d'Autun, premier suffragant de la province de Lyon, administrateur-né du spirituel et du temporel de l'Archevêché de Lyon, le siège vacant, délivre un permis à M. Ferrary, receveur du clergé de la ville et du diocèse de Lyon, de payer au Séminaire Saint-Pothin la somme de 5.000 livres conformément à la délibération du clergé du 26 août 1737 et lettres patentes du Roy en faveur du Séminaire du 22 juin de la même année.

« Lyon, 29 août 1740. »

La translation de fait ne dut s'opérer que le dernier jour de février 1745 ; c'est ce que la date des arrangements avec les anciens religieux semble suffisamment démontrer.

* * *

Les chanoines de l'Ile-Barbe, en se retirant, font certaines faveurs aux prêtres de Saint-Pothin, ainsi : « Les anciens chanoines de l'Ile-Barbe, Percher, archidiacre, Flachat, Clapeyron, Caquier, Duculty, de Chavagnac, assemblés pour l'arrangement de leurs affaires, considérant leur prochaine séparation, voulant d'ailleurs contribuer à l'établissement du Séminaire de Saint-Pothin dans leur île, cèdent tous les arrérages qui leur sont dus par l'hoirie de défunt Jean Rey, boulanger de la Croix-Rousse, et sa femme, et frais dus par la dite hoirie.

« Du 21 février 1745. »

suit :

« Cession par les anciens chanoines, Percher, archidiacre, Duculty, Clapeyron, Chavagnac, Pétros, Caquier. 1° De ce qui a été payé pour l'acquit des fondations en janvier et février ; 2° de tout ce qui a été payé dans le dit temps pour les aumônes ; 3° de tous les arrérages des pensions et frais dus par l'hoirie du sieur Rey et sa femme ; 4° des pensions affectées aux fondations et dans ce qui a pu en revenir jusqu'aux dernier février passé.

« Du 26 mars 1745. »

L'année suivante, il fut fait un second inventaire :

« Inventaire nouveau des contrats de pensions affectées en payement des fondations qui doivent être acquittées dans les églises de l'Ile-Barbe, remises à Messieurs de Saint-Pothin lors de leur entrée dans la dite Ile.

> « *Signé* : Petros, ancien prévôt ; Clapeyron, ancien chantre ; Duculty, ancien chamarier ; de Lacheron, ancien grand sacristain ; Petrot, de Chavagnac, ancien réfectorier.

« 28 février 1746. »

suit :

« Etat des prébendes de messes fondées dans l'église de Notre-Dame et dans l'église de Saint-Loup.

« Notre-Dame : 1° La prébende ou commission de messes appelée de Godefroy, a de revenu environ 100 livres. Elle est chargée de 104 messes, qu'il faut acquitter en l'église de Notre-Dame, au maître autel.

« 2° La prébende de Daubergne a de revenu environ 50 livres. Elle est chargée de 52 messes qui doivent être dites en l'église de Notre-Dame au maître autel.

« NOTA : Cette prébende est placée au rang des fondations de l'église de Notre-Dame.

« Les messes susdites sont ici marquées suivant et conformément aux anciens mémoires. Elles sont maintenant réduites par l'ordonnance de Mgr l'éminentissime cardinal de Tencin, archevêque de Lyon, du 14 mai 1745, à la rétribution de 20 sols pour chacune ; c'est-à-dire qu'on célébrera les dites messes un nombre conforme à la rétribution qu'on recevra sur le pied de 20 sols.

« Saint-Loup : Messes basses de fondation :

« 1° 127 messes dans le courant de l'année pour M. Carret, prêtre.

« 2° 52 messes, une chaque semaine, pour M. de Mont-d'Or.

« 3° 7 messes basses, dans le cours de l'année, pour Dame Anne Dudefoy.

« 4° 8 messes basses, les premiers lundis de chaque mois, pour M. Virieu, prêtre.

« 5° 6 messes basses dans le cours de l'année, pour M. Rambaud, prêtre.

« 6° 20 messes basses, dans le cours de l'année pour divers particuliers.

« 7° 40 messes basses *de beatâ* pour M. de Nerveau, qui peuvent être acquittées à Saint-Loup ou à Notre-Dame. C'est une fondation de Saint-Pothin.

« Total, 200 messes.

« Ces messes sont marquées conformément à la rédaction indiquée cy-dessus au 14 may 1745 par le cardinal de Tencin ».

Tout en faisant quelques faveurs aux prêtres du Séminaire Saint-Pothin, les anciens chanoines de l'Ile-Barbe s'étaient fait accorder, pour les trois prébendiers de Saint-Alexandre, une pension annuelle viagère. Voici une quittance de l'un d'eux :

« Je soussigné, l'abbé Duculty, ancien prébendier de la prébende Saint-Alexandre et celle des Trois-Maries, fondées dans l'église de Saint-Martin de l'Ile-Barbe et unies au Séminaire de Saint-Pothin, établi dans la dite île, reconnais avoir reçu de Messieurs du Séminaire la somme de 85 livres, pour une année, échue à Noël dernier, des pensions viagères qu'ils me doivent.

« 14 janvier 1751. « L'Abbé Duculty. »

Suit une autre quittance dénonçant aussi une charge annuelle.

« Comme fondé de pouvoir de sieur J.-B. Marcel, j'ai reçu de M. Coquard, prêtre économe du Séminaire de Saint-Potin *(sic)* la somme de 25 livres, pour le servir de la rente due à la table abbatiale de l'Ile-Barbe, pour le port de Saint-Rambert, à la dite Ile-Barbe, pour une année échue à la Saint-Jean dernière.

« Le 2 octobre 1751.

« Montellier ».

*
* *

A propos de ce port de Saint-Rambert, les prêtres du Séminaire Saint-Pothin, ayant vu leurs droits contestés, s'étaient adressés au Conseil d'Etat, et le Conseil d'Etat rendit l'arrêt que voici, curieusement motivé :

« Arrêt du Conseil d'Etat maintenant les prêtres du Séminaire de Saint-Pothin aux droits de prébendiers de l'Ile-Barbe (droits concédés par lettres patentes de Clovis II, 24 fév., 649 et par autres lettres patentes de Louis le Débonnaire, 816, et de Charles le Chauve, 846.

« Pour le droit de tenir un bac ou bateau sur la Saône au port de l'Ile-Barbe, pour passer et repasser le bras de cette rivière qui sépare la dite île du lieu de Saint-Rambert, et leur permet de percevoir pour le service de passage les droits ci-après :

« 1º Par personne à pied, lorsque la rivière est dans son lit, 3 deniers ; 2º lorsque la rivière est débordée 6 deniers.

« 21 juin 1750 ».

En même temps qu'il transférait à l'Ile-Barbe son Séminaire de Saint-Pothin, le Cardinal songeait à sa bonne direction ; et pour cela il lui donnait, daté de

Versailles, 10 mai 1745, un règlement et des statuts très complets. Nous les transcrirons ci-après, dans un chapitre spécial.

Une de ses préoccupations était aussi de doter cette maison de ressources suffisantes et de la dédommager pour la suppression des 5.000 livres fournies précédemment par le diocèse. En l'état actuel, le Séminaire Saint-Pothin, il faut le reconnaître, n'était pas riche. Ses revenus, d'après une estimation officielle, s'élevaient pas à plus de 3.000 livres, et les charges dépassaient 1.000 livres.

Voici l'état des revenus et charges, dressé par M. l'abbé Faramant, vicaire général de l'archevêque, promoteur général du diocèse.

Le dit séminaire jouit :

1º Du produit de la maison de la Croix-Rousse (revenu)..	500 liv.
2º Fondations à acquitter à l'Ile-Barbe (revenu)....	600 —
3º Revenu des capitaux placés chez les comtes.....	500 —
4º Pour l'entretien de deux sacristies, de la part des comtes..	500 —
5º Pour les prébendes Saint-Alexandre et Trois-Maries..	430 —
6º Honoraire des messes de dévotion, environ.....	470 —
Total des revenus annuels........	3.000 liv.

Charges à déduire sur les revenus ci-dessus :

1º Trois pensions annuelles aux trois prébendiers de Saint-Alexandre (70 livres chaque).......	210 l.
2º Pension annuelle au prébendier des Trois-Maries.	15 »
3º Service et dons imposés à la maison de la Croix-Rousse..	24 » 15 s.
4º Entretien des bâtiments et réparations	60 »
5º Entretien des bâtiments des prêtres et églises..	150 »
6º Gages et nourriture de trois domestiques......	600 »
Total des charges........	1.059 l. 15 s.

Etat reconnu et certifié par le supérieur Griffon :

« Je soussigné, prêtre, bachelier en théologie et supérieur de la communauté de Saint-Pothin, établie à l'Ile-Barbe, certifie et reconnais tous les articles ci-dessus et d'autre part spécifiés, et ce en l'absence de M. Le Bel, prêtre et économe de la dite maison.

« A Lyon, 20 juillet 1746.
« *Signé* : Griffon, P. supérieur de Saint-Pothin. »

Il est à remarquer qu'en ligne de comptes de recettes on fait figurer les honoraires des messes de fondation ainsi que des messes de dévotion ; ce qui démontre que les prêtres de la maison ne recevaient pas les honoraires de leurs messes qu'ils acquittaient, mais que de droit ils devaient les laisser à l'établissement.

*
* *

En conséquence de cet état précaire de la communauté de Saint-Pothin, Mgr le cardinal de Tencin songeait à lui créer des ressources. Il lui adjoignit d'abord le prieuré de Sainte-Marie de Denicé (1746), dont le produit net, toutes charges acquittées, était estimé à 681 livres 4 sols 6 deniers. Il serait intéressant de relater toute la procédure pour cette translation : mais nous ne pouvons que l'indiquer, en notant les parties essentielles.

Procédure pour la réunion du prieuré de Sainte-Marie de Denicé au séminaire de Saint-Pothin :

« 1° C'est d'abord la réquisition du promoteur du diocèse, messire Navarre, à Son Eminence le Cardinal de Tencin, comte de Lyon, ministre d'Etat, concluant à la nécessité de s'intéresser à la sainte œuvre de Saint-Pothin ; et pour cela d'y réunir les revenus du prieuré régulier et non conventuel de Sainte-Marie de Denicé, en procédant par les voies canoniques à la suppression du titre du prieuré.

« 2° Ordonnance de Son Eminence le Cardinal, qui nomme un commissaire général, messire de Faramant, vicaire général pour dresser procès-verbal des revenus et faire l'enquête *de commodo et incommodo*, ce qui est exécuté.

« 3° Communication par voie d'huissier de cette ordonnance du Cardinal à M. de Damas, chanoine, comte de Lyon, grand custode de l'église, abbé commandataire de l'abbaye de Saint-Martin de Savigny, grand ordre de Saint-Benoît et en cette qualité collateur de Denicé; à l'abbé de Foudras, prieur de l'abbaye, titulaire du prieuré de Denicé, aux sieurs religieux de Savigny, capitulairement réunis.

« Afin d'obtenir d'eux tout leur consentement à l'extinction et union du prieuré; ce consentement est donné.

« 4° Assignation par huissier des parties intéressées: curé de Cogny, curé de Montmelas, de Glaizé et prébendier du Chardonnet; plusieurs bourgeois et habitants de la contrée, à l'effet d'avoir leur avis et d'obtenir leur consentement.

« 5° Conditions : 1° que la dite extinction et union n'aura son effet qu'après le decedo *(sic)* du titulaire actuel; 2° que la dite extinction n'aura pareillement son effet qu'autant et si longtemps que subsistera le séminaire; 3° que dès que l'extinction aura eu son effet, le supérieur abbé de Savigny aura droit de nommer à une place au séminaire; 4° que les prêtres de Saint-Pothin, dès qu'ils seront en possession, seront tenus d'acquitter les charges; 5° ils seront tenus de célébrer ou faire célébrer la messe matutinale *(sic)* les fêtes et dimanches, et d'acquitter les fondations, spécialement celle des aumônes; 6° dès que le titulaire aura cessé de posséder, la collation des cures en dépendant appartiendra à perpétuité à l'archevêque. »

Suit le décret : « Pierre de Guérin de Tencin, prêtre de la sainte Eglise romaine du titre des Saints-Nérée-et-Aquilée, Archevêque et comte de Lyon, primat de France, commandeur de l'Ordre du Saint-Esprit, ministre d'Etat, etc.,

« Savoir faisons que, vu la requête à nous présentée par notre promoteur, contenant que…, etc.

« Nous, le Cardinal et Archevêque susdit, le saint nom de Dieu invoqué,

« Avons par les présentes : 1° éteint et éteignons, suprimé et suprimons (sic) le titre du prieuré simple non conventuel de Sainte-Marie de Denicé, dépendant de l'abbaye de Savigny.

« 2° Nous unissons et incorporons tous les biens et revenus qui dépendent du dit prieuré, au séminaire de Saint-Pothin, pour en jouir les prêtres qui le composent…

« Donné à Versailles sous le scel de nos armes, le 30 juillet 1746.

« *Signé :* le Cardinal de Tencin,
« par Son Eminence : Carrier, secrét. »

*
* *

La réunion du prieuré de Denicé ne devant avoir son effet qu'après le décès du titulaire, le sieur de Foudras, on se demande si la communauté de Saint-Pothin a jamais joui des revenus de ce prieuré. Il paraît cependant qu'elle en aurait bénéficié, puisqu'en 1774, elle constitue une ferme de dîmes à Denicé; mais elle dut n'en jouir que peu de temps.

Mgr le Cardinal adjoignit plus tard (pas de date précise), au Séminaire de Saint-Pothin, un autre prieuré, celui de Montverdun, d'un revenu bien supérieur à celui de Denicé; il aurait été, charges déduites, de 3.766 livres. Cette union, étant faite dans les mêmes conditions que la précédente, les prêtres de l'Ile-Barbe ne purent évidemment pas profiter des revenus du prieuré.

Au moment de la suppression de la maison des prêtres, ces prieurés revinrent, d'après les conditions stipulées, à leurs anciens propriétaires respectifs, jusqu'à ce que la grande Révolution vint tout submerger.

*
* *

Nous avons vu, lors de l'estimation des ressources de Saint-Pothin faite par messire de Faramant, vicaire général, que le supérieur messire Griffon reconnaît et signe cette enquête, en l'absence, du sieur Le Bel, prêtre et économe de la maison de Saint-Pothin.

Ce messire Le Bel était en prison, pour cause de détournement frauduleux dans l'exercice de ses fonctions. Voici le fait :

« Gabriel Philibert Le Bel, chargé de la régie et administration du Séminaire de Saint-Pothin, trompe la confiance. Les dettes et déficits accumulés pendant sa gestion (de novembre 1746 à août 1749) atteignirent le chiffre énorme de 7.000 livres.

« Il reconnaît avoir diverti et employé cette somme pour ses propres besoins et le payement de ses dettes particulières, à l'insu de sa communauté et de son supérieur. Il promet de les acquitter dans la mesure du possible.

« Il déclare (le 15 septembre 1749) qu'il a été attiré à diverses reprises et par des séductions réitérées par le sieur Oviste, bourgeois, près du pont Saint-Vincent, paroisse de Saint-Paul de Lyon, pour aller jouer chez lui, et que par son malheur soutenu, il a été continuellement dupe dans toutes les scènes (*sic*) qu'il a passées avec lui, dont plusieurs en présence du sieur Fleuret marchand de blé de cette ville, qui a été également victime de la façon de jouer du sieur Oviste. « D'où il est « résulté pour moi une perte de cent soixante louis d'or, « qui a occasionné les emprunts...

« 15 septembre 1749.

« *Signé :* Lebel. »

Du fond de son cachot, il écrit à son supérieur ecclésiastique pour demander son élargissement, afin de se retirer promptement dans un autre diocèse avec un *exeat* « tel que votre charité vous le dictera » pour pouvoir y célébrer. Il demande aussi des hardes, livres et manuscrits de conférences, « car de quoi est capable un prêtre par lui-même, s'il ne trouve quelque secours dans les ouvrages d'autruy qui pourraient dans la suite lui donner occasion de satisfaire à ses créanciers. » Il demande pardon au destinataire de la lettre et à Monseigneur l'Archevêque de Lyon : « Laissez-vous toucher à la triste situation d'une personne qui, si elle n'obtient pas l'effet de ses demandes, court le risque de tomber dans le désespoir ou la démence.

« *Signé :* Lebel, 30 octobre 1749. »

La maison de Saint-Pothin continua de fonctionner, sous la haute et efficace protection du Cardinal de Tencin, jusqu'à la mort de celui-ci.

Pendant cette période, nous ne trouvons rien de saillant.

On entretient et on répare les immeubles; voici, à cette occasion, le compte du maçon Prost :

« Compte pour MM. de Saint-Pothin de l'Ile-Barbe des ouvrages de maçonnerie que Prost a faits, tant aux églises qu'à leurs appartements et à leur maison de la Croix-Rousse, commencé le 14 juin 1752;

« Pour avoir refait une partie du couvert de l'église de Saint-Loup, qu'un arbre avait endommagé en tombant.

« Regoutayé tous les couverts des églises et ceux de leurs appartements, et recarrelé aux endroits nécessaires;

« Regoutayé partie des murs de clôture à la Croix-Rousse et sur les couverts des appartements;

« Il y a dix journées de maçon à 26 deniers par jour, égale 13 livres. Fourni le mortier, 8 livres 15 deniers. Total : 21 livres 15 deniers.

« Réglé par Coquart, économe, à 21 livres.

« 26 novembre 1753. »

On trouve encore :

« Agrégation, dans la communauté, d'un prêtre, M. Coral, de la paroisse de Charencin-en-Bugey, diocèse de Genève, demeurant depuis près de deux ans au Séminaire de Saint-Pothin en qualité de pensionnaire, lequel a représenté qu'il souhaiterait d'être agrégé, qu'il a même obtenu un consentement verbal du supérieur du Séminaire. Il offre d'y travailler et de s'y rendre utile.

« Les soussignés Jean Coquart, J.-B. Nicolas, J.-M. Jubin, Pierre Golion, J.-B. Chazot et François Chichaux, tous prêtres du Séminaire, réunis en conseil, décident de l'agréger au Séminaire pour vivre comme l'un d'eux, en ladite communauté tant en santé qu'en maladie, pendant sa vie, et jouir de leurs privilèges;

« A condition : 1° qu'il meublera sa chambre à ses frais, ainsi que c'est l'usage dans la maison; 2° qu'il se conformera aux règlements dressés et aux usages de la dite maison ; 3° qu'il contribuera de son mieux au bien commun en aidant spécialement messire le sacristain dans la réception et direction des messes, et en donnant ses soins pour le bon ordre de la cuisine fait par une prudente économie.

« Le 3 juillet 1754.

« L'agrégation est ratifiée par † J.-B. Bron, évêque d'Egée, suffragant de Lyon, et Carrier, secrét.

« Le 17 juillet 1754. »

*
* *

Dans le procès-verbal de l'agrégation Coral, on ne voit pas figurer la signature de messire Griffon, supérieur.

Il venait de mourir et avait été remplacé dans cette fonction par messire Jean Coquard, ancien économe.

On trouve encore d'autres actes de décès :

Acte de décès de François Beschet, prêtre du Séminaire, décédé le 6 février 1752 ;

Acte de décès de Joseph Ségier, mort à 87 ans, le 25 mars 1752 ;

Acte de décès de J.-M. Jubin, 54 ans, décédé le 23 octobre 1754 ;

Acte de décès de François Chichaux, 44 ans, mort le 5 avril 1755 ;

Acte de décès de J.-B. Chazot, 71 ans, mort le 31 janvier 1757 ;

Acte de décès de Jacques-François Bel, 57 ans, mort le 4 avril 1757 ;

Acte de décès d'Antoine Fleurier, 60 ans, mort le 16 avril 1758 ;

Acte de décès de Thomas Chappuy, 60 ans, mort le 8 octobre 1758 ;

Acte de décès du 8 mars 1761, messire Denis Gelibert,

prêtre du diocèse, ancien bénéficier de l'Ile-Barbe, demeurant au Séminaire, âgé de 80 ans, inhumé dans l'église de Saint-Martin-et-de-Saint-Loup, dans le tombeau placé à droite de la chapelle de Saint-Pierre, décédé le 7 mars, par Coquard, supérieur, en présence de J.-B. Terrasse, prêtre de la ville de Lyon, et des prêtres du Séminaire : Martin, Guibal, Ferraton, Detour, Guiguet.

« 10 avril 1763, messire Pierre Coral, du diocèse de Genève, reçu au Séminaire depuis 1754, décédé le 9, âgé de 46 ans, inhumé dans l'église Saint-Martin et Saint-Loup, dans le tombeau placé dans la chapelle de Saint-Alexandre, par Detour, économe, en présence de Jean Coquard, supérieur, Martin, Ferraton.

« 12 novembre 1764, messire Pierre Gourgouillat, ancien chanoine de Fourvières, décédé le 10, à l'âge de 62 ans, inhumé à Saint-Martin et Saint-Loup par Coquard, prêtre, supérieur, en présence de Bressieux, ancien curé, Martin Nicolas, Guiguet, Guibal, Bonnard.

« 11 septembre 1765, messire Claude Bressieux, ancien curé de Vercieux, diocèse de Lyon, décédé le 9 subitement âgé de 78 ans, inhumé dans le cloître de la chapelle Notre-Dame, par Coquard, supérieur, en présence de Nicolas Guiguet, Ferraton, Martin, Guibal, Meyssin.

« Du 5 janvier 1766, messire Benoît Ferraton, ancien vicaire, 70 ans, décédé le 4, inhumé en présence de Coquard, supérieur, Guiguet, Detour, Martin, dans l'église de Saint-Martin et Saint-Loup.

« Décès de J.-B. Nicolas, 66 ans, le 19 janvier 1766.

« Décès (à l'Hôtel-Dieu), à l'âge de 71 ans, de Antide Meyssin, le 29 mars 1767. »

Le 24 janvier 1756, afin de faire place dans les caveaux de l'Ile-Barbe, à l'effet d'y inhumer les prêtres du Séminaire Saint-Pothin, on adressa à Monseigneur le Cardinal la supplique suivante :

« Supplique des prêtres du Séminaire de Saint-Pothin, à Sa Grandeur l'Archevêque de Lyon, pour obtenir de vider les deux caveaux des églises de Saint-Loup et de l'Ile-Barbe, pleins (d'ossements et de bierres) (*sic*), afin de faire place pour y inhumer des prêtres du Séminaire de Saint-Pothin.

« *Signé* : Coquard, sup. ; Detour, économe ; Martin, pr. ass. ; Guiguet, secr.

« Permission, au bas de la supplique, accordée par Messire Lacroix, vicaire général. »

Procès-verbal de l'exhumation :

« Ce jour d'hui, 27 janvier 1756, en vertu de l'ordonnance sur requête de Monseigneur l'Archevêque de Lyon, du 24 janvier, signé par Messire Lacroix, vicaire général, portant permission d'exhumer les corps et ossements du caveau qui est sous la chapelle de saint Alexandre, église de Saint-Martin-et-Saint-Loup de l'Ile-Barbe, pour être mis et transportés dans les catacombes de la dite église. Nous, supérieur et prêtres du Séminaire de Saint-Pothin, établi à l'Ile-Barbe, soussignés, tant de notre connaisssance que de celle d'anciennes personnes dignes de foi, nous avons trouvé dans le susdit caveau les ossements de Messire Scarron, chambrier et aumônier du Roy, Ambournay, perpétuel et prébendier de Saint-Alexandre, Giraudet, réfecturier, Romand, chanoine, Percher, archidiacre, Chavagnac, chanoine, tous de la susdite Ile-Barbe, Jubin, Légier, Coral, du Séminaire de Saint-Pothin que nous avons fait transporter comme sus est dit, dans les catacombes de la susdite église de Saint-Martin-et-Saint-Loup.

> « *Signé :* Coquard, sup. ; Martin, assistant ; Guiguet, sacristain; Detour, économe. »

Je ne sais si la maison de Saint-Pothin avait eu de beaux jours; en tous cas, ses tribulations vont commencer.

SUPPRESSION DU SÉMINAIRE SAINT-POTHIN

Le protecteur fidèle et dévoué de la maison des prêtres, Mgr le Cardinal de Tencin, venait de mourir, le 2 mars 1758, à l'âge de 79 ans.

Mgr Malvin de Montazet, évêque d'Autun, son successeur, nommé la même année, prit possession de son siège par procureur le 20 août 1758, et en personne le 4 mai 1759. Que fit-il pour la Maison de Retraite de ses prêtres ? Les documents nous font défaut, et nous ne trouvons de lui, relativement au Séminaire de Saint-Pothin, que le décret de suppression de cette maison ; de cette maison qui avait été si longtemps désirée et demandée avec tant d'instances par le clergé du diocèse ; de cette maison qui avait été l'objet de la sollicitude constante des deux derniers archevêques, et qui avait été entourée de tant de soins.

Peut-être Mgr de Montazet voulait-il témoigner à ses prêtres vieillards et infirmes aussi peu de sympathie qu'il en témoigna, dès son arrivée, à son Chapitre et à son clergé.

A ce sujet, certain chroniqueur raconte qu'il aurait, antérieurement à son épiscopat, postulé un canonicat au Chapitre métropolitain de Lyon, et que le Chapitre aurait rejeté sa demande par la raison qu'il n'avait pas les quartiers voulus de noblesse. De là une vieille rancune, qu'il aurait fait sentir lorsqu'il fut nommé archevêque de Lyon. Dès son entrée, dans sa cathédrale, il aurait répondu au compliment de bienvenue du Chapitre par ce texte du Ps. CXVII : *Lapidem quem reprobaverunt ædificantes hic factus est in caput anguli.* Le chanoine qui portait la parole ne se serait pas laissé troubler par cette boutade, et aurait répondu, en tronquant le texte, par le verset suivant du même psaume : *A Domino* NON *factum est istud, et est mirabile in oculis nostris.*

Quoi qu'il en soit de cette chronique, il est certain que le Séminaire de Saint-Pothin se ressentit des rapports tendus et difficiles qui existaient entre l'Archevêque et son clergé, et qu'il participa à la disgrâce commune. Avec les ressources limitées que nous lui connaissons et les lourdes charges qui lui incombaient, le Séminaire devait nécessairement tomber dans la gêne, à moins qu'il ne fût secouru par une main puissante et généreuse.

Il paraît que cette main fit défaut. Mgr l'Archevêque, résidant peu dans son diocèse, faisant dans la capitale et dans sa campagne d'Oullins des dépenses prodigieuses, et se plaignant, dit l'histoire, de l'exiguïté de ses revenus, ne devait guère avoir le temps et les moyens de venir en aide à la Maison de Retraite de ses prêtres.

La communauté continua cependant, mais péniblement, sa mission quelque temps encore.

Sous son quatrième et dernier supérieur, un nommé Clerc, elle combat et lutte pour la vie.

Le 12 octobre 1773 elle fait opposition à l'établissement à Saint-Rambert d'un nouveau port en concurrence avec le sien :

« Opposition faite par la communauté de Saint-Pothin,

assemblée à sa manière accoutumée, à l'*innovation* d'un nouveau port que l'on construit sur les limites du leur de Saint Rambert à l'Ile-Barbe, pour servir de charge et de décharge au port de Cuire, ce qui ferait un préjudice considérable à la communauté et un attentat et usurpation sur ses droits et privilèges.

« Le 12 octobre 1773.

« *Signé :* Martin, assistant. — Clerc, supérieur. — Guiguet, sacristain. — Detour. »

Le 18 août 1774, la communauté établit un fermier à Denicé.

« Constitution de fermier des dîmes en blé et vin sur Denicé, Montmelas, Saint-Julien... sont comparus les sieurs prêtres du Séminaire de Saint-Pothin établi à l'Ile-Barbe, procédant de l'avis et du consentement de M. l'abbé Lacroix, ancien grand obéancier de Saint-Just, vicaire général, leur supérieur, Mayeur lui présent... »

Elle fait rentrer ses créances, petites créances il est vrai, avec d'autant plus de soin qu'elle en a plus grand besoin.

« Demande sur défaut, faute de défenseur, que mettent et donnent par-devant Messires les magistrats et officiers de la sénéchaussée de Lyon, les supérieur et prêtres du Séminaire de Saint-Pothin, établi à l'Ile-Barbe, diligences de M. Detours, l'un d'eux et leur économe, demandeur, comparant par Monier, leur procureur, contre J. M. Piégay et Pierre Duplomb, laboureurs, demeurant en la paroisse de Teyves.

« Pour être payé aux demandeurs la somme de six livres pour une année d'arrérage d'une rente échue.

« Acte du 30 juillet 1777. »

C'est le 28 août 1782 que fut lancée l'ordonnance de suppression du Séminaire de Saint-Pothin. Cette ordonnance suppose une requête émanant du syndic du clergé, et contenant les raisons de cette suppression, qui nous est inconnue.

« Ordonnance de suppression du Séminaire de Saint-Pothin, 28 août 1782. Antoine Malvin de Montazet, etc.

« Vu la requête à nous présentée par le syndic du clergé de notre diocèse, tendante pour les causes y contenues à faire ordonner l'extinction et suppression du Séminaire de Saint-Pothin à l'Ile-Barbe, et l'union de ses biens, droits, noms, raisons et actions au clergé de notre diocèse pour être les dits biens administrés par la chambre diocésaine et servir à donner des secours aux pauvres prêtres et autres ecclésiastiques hors d'état de remplir les fonctions de leur ministère. Notre ordonnance de *soit communiqué* à notre promoteur en date du 20 septembre 1785, le réquisitoire de notre promoteur en date du même jour, tendant à ce qu'il fût par nous nommé un commissaire pour procéder selon les lois canoniques et civiles aux suppression et union demandées par la dite requête. Notre ordonnance du même jour, portant commission à M. l'abbé Péronneau, l'un de nos vicaires généraux, pour faire la procédure d'instruction relative aux dites suppression et union. La requête présentée à notre dit commissaire. Ensemble son ordonnance d'appointement du 27 du même mois, portant qu'assignations seraient données à comparaître par-devant lui dans la chambre du prétoire de notre officialité, le 8 octobre suivant, à toutes parties intéressées.... pour consentir au dire contre les fins de la dite requête, ensemble aux témoins.... dans l'enquête de commodité ou incommodité des dites suppression et union.... Les assignations données aux parties intéressées par exploit de l'huissier Auvray du 29 septembre de la même année, savoir à MM. les doyens, chanoines et Chapitre de l'Eglise de Lyon, en leur qualité de seigneurs de l'Ile-Barbe, aux supérieur et communauté des prêtres du Séminaire de Saint-Pothin, aux curé et marguilliers de la paroisse de Saint-Rambert, proclamats et affiches aux principales portes tant de notre église primatiale que de l'église du dit Séminaire de Saint Pothin et celle de la dite paroisse de Saint-Rambert, par trois dimanches consécutifs, à l'issue de la messe, les 23, 30 septembre et 7 octobre....

« ... Tout vu, considéré, et le saint nom de Dieu invoqué, nous avons *éteint* et *éteignons*, *supprimé* et *supprimons* à perpétuité, par les présentes, le Séminaire de Saint-Pothin de l'Ile-Barbe, en avons uni et unissons tous les biens, meubles, immeubles, droits, noms et actions... au clergé de notre diocèse pour les fruits du Séminaire supprimé, être par nous et nos successeurs, archevêques de Lyon, employées à donner des secours à ceux des pauvres curés, vicaires et autres ecclésiastiques servant dans notre diocèse qui seront hors d'état de remplir leurs fonctions.

« L'Archevêque unit au Chapitre de l'église primatiale : 1° la chapelle ou prébende de Saint-Alexandre; 2° les rentes perpétuelles dues par certains particuliers montant à 450 livres; 3° Tous les corps de logis, bâtiments, sans les meubles; 4° les églises de Saint-Martin, Saint-Loup et Notre-Dame, avec sacristies, clochers et un certain nombre d'effets mobiliers.

« Il décharge le Chapitre de l'église de Lyon : 1° d'une rente de de 500 livres qu'il était tenu de payer; 2° d'une autre rente de 500 livres ; 3° de quatre rentes formant ensemble 85 livres, pour fondations ci-devant acquittées par le dit Séminaire à cause de son domaine Bonnardet de la Croix-Rousse.

« Le tout ainsi décrété et ordonné sous les clauses et conditions suivantes :

« Art. I. — Tous les biens unis au clergé de notre diocèse par le présent décret seront régis et administrés par le bureau diocésain.

« Art. II. — Tous les meubles et effets mobiliers des deux églises et autres bâtiments du Séminaire de Saint-Pothin, à l'exception de ceux abandonnés au Chapitre de notre église primatiale, seront incessamment vendus par les soins et diligence du dit bureau, et le produit de cette vente sera employé au profit des pauvres prêtres de la manière que nous jugerons la plus utile.

« Art. III. — Ledit Bureau se fera rendre compte par l'économe du dit Séminaire de Saint-Pothin de la régie de ses biens depuis le dernier compte rendu et lui en donnera une décharge valable.

« Art. IV. — Les titres et papiers du dit Séminaire seront inventoriés, si fait n'a été, et déposés dans les archives du bureau.

« Art. V. — Aussitôt que le Chapitre primatial sera entré en possession : 1° il acquittera les fondations ; 2° il tiendra en bon état l'une des deux églises et y fera dire une messe basse ; 3° payera au clergé une rente annuelle, imprescriptible, libre de charges ; 4° distribuera par le curé et marguillier de la dite paroisse de Saint-Rambert, 190 livres pour les pauvres.

« Art. VI. — Le Chapitre choisira l'une des deux églises et démolira l'autre après en avoir retiré les reliques, pierres sacrées, ossements, etc.

« Seront les présentes insérées au greffe des affaires

ecclésiastiques de notre diocèse, enregistrées partout ou besoin sera et notifiées à tous ceux qu'il appartiendra.

« Donné à Lyon, sous notre seing, le sceau de nos armes, le contre-seing de notre secrétaire, cejourd'hui 28 août 1782.
« *L'Archevêque de Lyon.* »

*
* *

Ce décret de suppression du Séminaire de Saint-Pothin fut revêtu de lettres patentes du roy en janvier 1783.

Le 8 avril 1783, le bureau nommé se réunit et délibère comme suit :

« Bureau tenu au palais archiépiscopal.

« Etaient présents : messire le comte de Poix, archidiacre de l'église de Lyon, fondé de procuration de Monseigneur l'Archevêque ; messire le comte de Castellas, doyen de ladite église ; messire de Briandas, chantre du Chapitre de Saint-Paul ; messire Navarre, sacristain ; curé de Saint-Nizier : messire Perrichon, syndic du clergé.

« Le bureau délibère que, pour ce qui le concerne, il consent purement et simplement à l'enregistrement et à l'exécution du décret et des lettres patentes, concernant le Séminaire de Saint-Pothin supprimé. »

En conséquence, le décret fut enregistré par arrêt du Parlement le 29 juillet 1783.

Il fut dûment signifié aux prêtres du dit Séminaire et aux autres parties intéressées par exploit de l'huissier Chercot, le 26 septembre 1783.

*
* *

C'en est fait ! Les vieux prêtres sont expulsés par exploit d'huissier de leur cher séminaire, de cette maison, objet des soins des anciens archevêques.

Il ne reste plus qu'à vendre, et c'est ce qui a lieu.

On remet d'abord au Chapitre de la Primatiale la part que lui adjuge le décret :

« Le 7 novembre 1783, les commissaires nommés pour l'exécution du décret d'union des biens du Séminaire Saint-Pothin au clergé de ce diocèse, avec transport à l'église primatiale de Lyon des titres de fondations qui étaient au dit séminaire, reconnaissent avoir reçu de messire David, commissaire député de Monseigneur l'Archevêque, « tous les effets mobiliers délaissés à notre dit Chapitre par le susdit décret d'union, et que nous avons été mis en possession d'iceux, ainsi que des églises de Saint-Martin, de Saint-Loup et de Notre-Dame. »

« Les titres seront remis dans le courant de la semaine prochaine.

« Avons reçu de plus : la statue de saint Loup avec le chef de saint Loup, la statue de sainte Anne, contenant des reliques authentiques, une petite croix contenant du bois de la vraie croix.

« *Signé :* de Gourcy, Charles de Sartiges, comtes de Lyon. »

Ce reçu est complété par la nomenclature suivante :

« Argenterie et autres effets restant de l'inventaire du Séminaire de Saint-Pothin, lors de sa réunion au clergé.

« Le buste de saint Loup avec sa mitre en argent, le buste de sainte Anne contenant des reliques de la sainte, une croix en argent contenant des reliques de la vraie Croix.

« Six chandeliers de bois argentés, sans valeur, n'ayant pas de pied.

« Les cloches de Saint-Loup, la charpente et les cordages.

« Trois confessionnaux de l'église et la sacristie de Notre-Dame.

« Deux grandes échelles pour nettoyer l'église.

« Une armoire de sapin pour renfermer les devant d'autel.

« Une armoire de noyer où sont renfermés les titres et les archives.

« Un petit coffre de noyer, un vieux billard, quatre tableaux de piété, quatre cartes de géographie avec baguettes et six sans baguettes, trois plans de ville. Dans la cave, un tour à encaver.

« On a remis au secrétariat de l'archevêché les portraits des anciens archevêques de Lyon ou abbés de l'Ile-Barbe et un *Saint François de Sales.* »

*
* *

La vente du mobilier s'opéra en détail.

Une partie des ornements d'église fut vendue au grand Séminaire de Saint-Irénée, par un domestique, aux prêtres du diocèse pendant la retraite des curés.

Enfin, distraction faite de la part réservée aux comtes, la vente du mobilier du séminaire produisit 7.081 livres 13 sols 9 deniers.

Le domaine de Saint-Pothin fut vendu par parcelles, et dans le registre des délibérations du bureau, on trouve la mention de quelques-unes de ces ventes.

Le 12 mars 1784, vente aux enchères du domaine de la Croix-Rousse, pour la somme de 31.000 livres à Jean-Baptiste Esparon et sa femme.

*
* *

Le produit de ces ventes diverses fut placé, du moins en grande partie, sur la ville de Lyon, et servit à constituer des rentes perpétuelles en faveur du clergé du diocèse. Ainsi :

Le 26 novembre « contrat de 750 livres de rente constituée par la ville de Lyon, en faveur de Jean Barcos, du 3 janvier 1724, auquel droit le clergé du diocèse de Lyon a été subrogé moyennant la somme de 15.000 livres par contrat du 24 novembre 1784, la dite somme de 15.000 livres provenant des biens du Séminaire de Saint-Pothin unis au dit clergé. »

Suit : « Reconstitution de 1.000 livres de rente perpétuelle en faveur du clergé du diocèse de Lyon, 18 juillet 1786.

« Les prévôt et échevins ont par la présente créé et constitué, en faveur du clergé du diocèse de Lyon auquel ont été réunis les biens de l'ancien Séminaire de Saint-Pothin, une rente annuelle et perpétuelle de 1.000 livres. »

Suit : « Reconstitution de 250 livres de rente annuelle et perpétuelle au profit du clergé du diocèse de Lyon, par Messieurs les prévôt et échevins de la ville de Lyon, 2 mai 1787, à la suite de la vente de partie des biens qui appartenaient au dit cy-devant Séminaire de Saint-Pothin. »

Suit : « Reconstitution de 600 livres de rente perpétuelle, par messieurs les prévôt des marchands et échevins de Lyon, en faveur de l'hospice et œuvre de Saint-Pothin, contenant quittance de 12.000 livres, par le collège des médecins de la ville.

« Du 12 août 1789. »

*
* *

D'autre part, Monseigneur l'Archevêque se fit un devoir d'accorder des pensions viagères aux prêtres pauvres du Séminaire de Saint-Pothin ou autres prêtres du diocèse, ainsi que des gratifications à d'anciens domestiques de la maison.

Nous trouvons plusieurs mentions de pensions de 150 livres, de 200 livres et autres. Ainsi :

« Le 20 novembre 1783, quittance de Christophle *(sic)* Cagnard, ancien domestique du Séminaire de Saint-Pothin, d'une somme de 72 livres, gratification que Monseigneur l'Archevêque a bien voulu lui accorder, lors de la dissolution du dit séminaire. »

Même date : « Quittance d'Etienne Garde à qui Monseigneur l'Archevêque a accordé 48 livres de gratification, en récompense de ses services. »

Le 8 novembre 1783 : « Pension assignée au sieur Letour lequel s'était retiré, il y a trente ans, dans le Séminaire de Saint-Pothin, et y ayant rempli les fonctions de procureur ou économe, le dit séminaire venant d'être supprimé avec union de ses biens au clergé de ce diocèse, par décret du 28 août 1782, décret de l'archevêque revêtu de lettres patentes du roy de janvier 1783, enregistré par arrêt du Parlement du 29 juillet 1783, dûment signifié aux prêtres du dit séminaire et autres parties intéressées, par exploit de l'huissier Chercot, 26 septembre 1783. Par une suite de la dite suppression, la vie commune n'aura plus lieu à l'avenir dans le dit Séminaire. Le postulant a 74 ans, il est sans ressources, sans subsistance ; l'Archevêque lui assigne une pension de 1.000 livres pour sa vie durant »

« Lyon, le 8 novembre 1783. »

Pension assignée au sieur Meynier (85 ans) : « L'archevêque lui accorde une pension de 500 livres, sur les revenus du Séminaire supprimé.

« 8 novembre 1783. »

« Il accorde 600 livres au sieur Clerc, ancien supérieur du Séminaire de Saint-Pothin (79 ans). »

« 8 novembre 1783. »

Des reçus de 1785 et 1786, attestent aussi qu'après la suppression et la ruine du Séminaire de Saint-Pothin, des pensions furent servies.

« A Franzas prêtre, — à Clerc, ancien supérieur du Séminaire de Saint-Pothin, — à Meynier, ancien curé de Vaux-en-Beaujolais et prêtre du Séminaire, — à Albouy (Mlle Albouy, bourgeoise de Lyon) ayant pouvoir de messire Vacher, vicaire à Tarentaise, — J.-B. Molin, ancien curé de Bouligneu en Bresse — Chambry, curé de Montluel, — Tholin, prêtre, — Chanel, ancien curé de Marcilly, — Meinier, ancien aumônier de Saint-Clair — Trunel, ancien curé de Carisieu en Dauphiné (ce Trunel fut guillotiné à Lyon pendant la grande Révolution. »

*
* *

Ainsi qu'on l'a vu, l'Ile-Barbe fut, par le décret de suppression, donnée au Chapitre de la Primatiale, qui fut dès lors obligé de remplir les charges et d'acquitter les fondations. Le domaine de la Croix-Rousse et tout le mobilier furent vendus au profit du clergé du diocèse.

Le Séminaire de Saint-Pothin, ou Maison de Retraite pour les prêtres, avait duré 45 ans et 6 mois.

Peut-être un jour renaîtra-t-il de ses cendres, plus riche et plus florissant ?

STATUTS ET RÈGLEMENT

pour la maison des prêtres âgés et infirmes établie sous le titre de Séminaire de Saint-Pothin, pour y être observés suivant l'ordonnance de Son Eminence Mgr le Cardinal de Tencin, Archevêque et Comte de Lyon, commandeur de l'Ordre du Saint-Esprit, ministre d'Etat, etc.

I

La communauté des anciens prêtres, sous le titre de Séminaire de Saint-Pothin, sera toujours soumise à la juridiction de l'Illustrissime et Révérendissime Seigneur Archevêque de Lyon, son instituteur, protecteur et supérieur. Aucun n'y pourra être admis sans sa participation et son agrément.

II

La communauté sera gouvernée par Monseigneur l'Archevêque de Lyon, ou sous son autorité par l'un de ses vicaires généraux ou tel autre prêtre séculier auquel il voudra en confier l'inspection et la conduite.

III

Outre ce premier supérieur, il y en aura un local qui résidera dans la maison ; il sera chargé de faire exécuter ponctuellement le règlement, et veillera soigneusement au spirituel de la communauté et à la fidèle administration du temporel. Ce supérieur local sera toujours nommé par Monseigneur l'Archevêque et il sera amovible à la volonté du Seigneur Archevêque.

IV

Tous curés, vicaires, prêtres du diocèse ou ceux qui n'en seraient pas, qui désireraient entrer dans la communauté, feront apparoir comme ils ont travaillé, dans le diocèse de Lyon, au moins l'espace de 15 ans, et comme ils sont hors d'état d'y continuer leurs services à cause des infirmités qu'ils auraient contractées ; on pourra y recevoir, toujours de l'agrément de Monseigneur l'Archevêque, des prêtres d'un autre diocèse qui n'auraient pas servi dans celui de Lyon, payant les uns et les autres une pension convenable, et les premiers rapportant un *exeat* en bonne forme de leur évêque, contenant certificat de leurs bonnes mœurs et conduite, et du service qu'ils auraient rendu à l'Eglise avec zèle et édification.

V

Aucun prêtre ou ecclésiastique vicieux, scandaleux, repris et noté, ne pourra être admis dans la communauté, à moins qu'il n'ait donné pendant bien des années des marques d'une conversion sincère et d'un amendement si constant que leur pénitence eût effacé les mauvaises impressions que leur déplacement aurait causées.

VI

Ceux qui seront admis déclareront ingénument et de bonne foi s'ils ont quelques biens, afin que l'on sache ce que l'on doit suppléer et qu'on puisse fournir plus aisément le nécessaire à ceux qui n'auront rien.

Il sera fait un inventaire double des meubles et effets que chacun apportera en entrant. Cet inventaire sera signé par le procureur ou économe de la communauté et par celui qui entrera.

VII

La maison nourrira et entretiendra tant en santé qu'en maladie ceux qui auraient été admis sans biens ni secours de leur part. Le Supérieur local est spécialement chargé de donner son attention à ce que tous soient charitablement prévenus et soulagés d'une manière convenable dans leurs différents besoins.

VIII

Il y aura un livre particulier, aux premières pages duquel seront copiées les permissions de l'établissement du Séminaire, les lettres patentes de Sa Majesté confirmatives d'*iceluy*, l'arrêt de leur enregistrement ; on y inscrira aussi les actes de réception ou d'agrégation de Messieurs les prêtres, contenant leurs noms, surnoms, lieu de naissance, âge, l'emploi qu'ils auront exercé dans le ministère et la date du jour de leur réception. Dans ce même livre seront écrits les jours de leur décès et de leur inhumation et le jour de leur sortie, soit que, pour bonnes causes, ils fussent exclus de la communauté, soit qu'ils s'en séparassent volontairement.

IX

Le supérieur local, n'étant pas établi pour exercer sa domination sur des prêtres qu'il doit regarder comme ses confrères, en usera avec eux dans cet esprit de charité et de douceur si propre à entretenir la paix, l'union et le bon ordre dans la communauté. Il présidera partout soit aux exercices dans la maison, soit aux offices dans le chœur. Les prêtres auront pour lui le respect qu'exige sa place, et ils recevront avec soumission les avis qu'il jugera à propos de leur donner.

X

Le supérieur ne pouvant lui seul vaquer par lui-même à tout ce qui peut intéresser le bien et le bon ordre de la communauté, il y aura un directeur, un économe ou procureur, un sacristain et un infirmier : tous ces offices seront nommés par Monseigneur l'Archevêque et contribuable à volonté.

XI

Le directeur ou assistant veillera au bon ordre de la communauté et à l'observation du règlement ; avertira le supérieur des manquements qui se feront, présidera en son absence à tous les exercices, et pour prévenir les accidents du feu, il fera tous les soirs à neuf heures et demie la visite dans toutes les chambres de la maison, même celle des domestiques, pour reconnaître si toutes les lumières sont éteintes.

XII

Le procureur fera seul la recette de tous les revenus du Séminaire, tant en denrées qu'en argent. offrandes et fondations et fera la dépense pour la communauté. Pour cela, il aura un livre journal sur une page duquel il inscrira exactement chaque jour tout ce qu'il aura reçu et sur la page à côté l'état de la dépense.

Au premier jour du mois, il rendra ses comptes, en présence du supérieur local, de l'assistant et de l'ancien, de la recette et de la dépense du mois précédent, dont ils signeront l'arrêté ; et ce total de recette et de dépense, sera porté par ce procureur sur deux pages du grand livre, comme est dit en dessus, et tant le livre journal que le grand livre seront présentés tous les ans et plus souvent, s'il est jugé nécessaire, à Monseigneur l'Archevêque pour être les dits comptes par eux vérifiés, clos et arrêtés, ou par le premier supérieur ou telle autre personne qu'il voudra commettre à cet effet.

XIII

L'économe ou procureur aura encore soin de faire tous les deux ans l'inventaire des meubles, linge, vaisselle et ustensiles appartenant à la communauté, de veiller à ce que rien ne s'égare ; de pourvoir à ce qui manquerait, de faire les provisions dans les temps convenables, de tirer des quittances de toutes les sommes qu'il payera, et enfin il aura soin que ses confrères soient entretenus convenablement.

XIV

Le sacristain aura attention de placer dans la sacristie de l'église de Saint-Loup et dans la chapelle de Notre-Dame un tableau des fondations qui doivent être acquittées chaque année dans chacune des églises et chapelles, contenant les noms des fondateurs, le jour auquel échoit le service des fondations, s'il consiste en grande ou basse messe.

Il y aura un livre particulier où elles seront toutes rapportées mois par mois, et on mettra la décharge à même qu'elles seront acquittées. Outre ce livre, il y en aura un autre où il enregistrera toutes les messes de donation et les honoraires qu'il en recevra seul, étant expressément défendu aux autres prêtres de la communauté de recevoir des rétributions de messes à moins qu'ils n'eussent été commis par le supérieur en cas d'absence du sacristain. Il fera scrupuleusement acquitter ces messes, et tous les jours en remettra l'honoraire reçu au procureur qui lui en passera l'acquit et portera ce produit en article de recette sur son livre journal et fournira conséquemment aux frais et dépenses nécessaires aux deux sacristies qu'il passera également en dépense sur le même livre journal.

XV

Comme le sacristain sera chargé de tous les meubles, linges, vases sacrés, argenterie, etc., des deux églises, on fera de tous un inventaire qui sera de temps en temps renouvelé en présence du supérieur local, afin que rien ne s'égare, et pour reconnaître si tout est tenu avec la propreté et la décence requise. Il aura soin aussi de faire balayer les églises et parer les autels, de faire sonner les cloches aux temps marqués, de veiller à ce que les portes des églises soient ouvertes et fermées à heures précises et convenables, d'empêcher enfin qu'il ne soit fait aucune dégradation dans les bâtiments de l'église, ni aux clochers et qu'il ne s'y passe aucun abus.

XVI

L'infirmier, nommé par Monseigneur l'Archevêque aura soin que les malades soient bien servis et que les secours spirituels et corporels ne leur manquent point. Il veillera à la propreté des appartements de l'infirmerie quand elle sera établie, et, attendu que la situation des maisons qu'occupe aujourd'hui le Séminaire de l'Ile-Barbe ne permet pas cet établissement, il aura grande attention à ce que les prêtres infirmes qui ne pourraient se rendre au réfectoire soient servis dans leurs chambres et que, suivant l'état où ils se trouveront, on leur accorde ce qui sera le plus convenable et le plus commode pour leur soulagement et entretien. Le procureur ne se refusera pas aux représentations que lui fera l'infirmier sur cet article.

XVII

Les malades recevront le saint Viatique et l'Extrême-Onction de la main du supérieur local, qui fera aussi la cérémonie de l'enterrement du corps des défunts, dans l'une des églises, en sorte que le supérieur, ou en son absence l'assistant, fera toutes les fonctions curiales, tant à l'égard des prêtres que des domestiques de la communauté, et pour dédommager le curé de Saint-Rambert de ses droits curiaux qu'il prendrait en ces différents cas, la communauté lui payera chaque année la somme de six livres par forme d'indemnité.

XVIII

La subordination et la dépendance étant le soutien des communautés, aucun des prêtres ne sortira soit pour aller manger à la campagne ou à la ville, soit pour y séjourner, sans en avoir averti le supérieur, ou en son absence l'assistant. Ceux qui sortiraient auront soin de se marquer dans un tableau qui sera mis auprès de la porte et sur lequel tous les noms seront écrits, afin que l'on sache où ils seront.

XIX

Les prêtres ne pourront donner à manger dans leurs chambres aux personnes du dedans ni du dehors, mais après l'avoir proposé au supérieur qui ne le permettra que rarement et pour de justes causes, les parents et les amis des messieurs pourront être admis au réfectoire commun, où ils seront traités avec cette simplicité et cette modestie dont on ne doit pas s'écarter dans cette maison, et qui doivent paraître dans les ameublements et vêtements des prêtres, qui porteront toujours la soutane, les cheveux courts ou une perruque modeste, supposé qu'ils aient obtenu la permission de la porter, se gardant bien de se montrer autrement qu'en habit décent.

XX

Ceux de messieurs les prêtres qui auraient à parler à quelque femme ou fille les recevront dans une salle basse proche de la porte, sans leur donner entrée dans l'intérieur de la maison, à moins qu'en cas de maladie mortelle de quelqu'un des prêtres, le supérieur local ne le jugeât nécessaire. Il pourra même dans ces cas, ne le permettre qu'aux mère, sœurs et nièces du malade, et il veillera à ce que, dans ces visites, tout se passe dans les règles de la bienséance.

XXI

Comme l'honoraire des messes de dévotion et le produit des fondations forment un objet considérable dans le revenu de la communauté, aucun des prêtres ne pourra que par cause d'infirmité, de grand âge, et sans en avoir averti le supérieur, se dispenser de dire la messe chaque jour, à l'acquit du livre commun des sacristies. Ils se disposeront à cette grande action par une vie sainte et régulière et par l'accès fréquent au sacrement de pénitence, leur laissant toute liberté pour le choix d'un confesseur, qu'il leur conviendra toujours mieux de choisir dans la communauté même. Nul ne se chargera en particulier de la rétribution des messes, et si, par occasion, il en recevait, il les portera au lieu de la sacristie, où elles seront payées sur le pied fixé.

XXII

Tout l'argent appartenant à la communauté sera mis, ainsi que les titres, contrats, papiers importants de la maison, dans un coffre-fort fermant à deux clefs prohibitives. Le supérieur en gardera une, le procureur ou économe l'autre. Le procureur en tirera l'argent nécessaire pour la dépense, en s'en chargeant, en présence du supérieur, sur un petit livre qui restera dans ledit coffre et sur lequel il écrira aussi les sommes qui y seront déposées.

XXIII

Depuis la Toussaint jusqu'à Pâques, on sonnera l'*Angelus* à six heures et demie du matin, et depuis Pâques jusqu'à la Toussaint à six heures. Demi-heure après, c'est-à-dire à sept heures en hiver et à six heures et demie en été, on sonnera la cloche de la communauté, et tous viendront à la salle commune pour assister à la prière du matin et à la méditation. On pourra retrancher ce dernier exercice le jour où l'on serait obligé de chanter au chœur de l'une des églises matines et laudes. De même que les jours où la dévotion attirant un grand concours de peuple, il serait nécessaire de se trouver de bonne heure et en grand nombre au confessionnal.

XXIV

Pour entretenir et même augmenter cette dévotion aussi fréquentée qu'ancienne, les prêtres qui n'en seraient empêchés par leur grand âge ou infirmités seront tenus de recevoir des approbations de Monseigneur l'Archevêque ou de Messieurs les grands vicaires, de se prêter avec zèle au ministère de la confession, et de faire en sorte, par l'arrangement qu'ils prendront entre eux de dire la sainte messe, qu'il y en ait, celles de fondation comprises, depuis six heures du matin en été et depuis sept heures en hiver, jusqu'à dix heures qu'on dira la dernière. On appellera les fidèles à chacune des messes par le son d'une des cloches que l'on tintera à trois reprises. Messieurs les prêtres emploieront le surplus du temps qui leur restera dans la matinée à dire les petites heures du bréviaire, et pourront vaquer à l'étude ou à leurs affaires. Il sera aussi très convenable que, pour l'édification publique, ils chantent, tous les dimanches et fêtes de l'année, la grand'messe et les vêpres dans l'une des églises.

XXV

A onze heures et demie, on sonnera la cloche d'assemblée. Tous se rendront à la salle commune pour y faire une courte prière, après laquelle on passera au réfectoire.

XXVI

Pendant le dîner, de même que pendant le souper, on lira un chapitre de l'Écriture Sainte. Le procureur aura attention à pourvoir à la nourriture qui conviendra à chacun suivant sa situation.

XXVII

A deux heures après midi, on dira Vêpres et Complies en commun, à moins qu'on ne dût les chanter au chœur de l'une des églises.

XXVIII

A cinq heures du soir, lorsqu'on n'aura pas à dire le

lendemain Matines et Laudes en commun au chœur, on les dira en commun.

XXIX

A sept heures du soir, on entrera, comme le matin, au réfectoire pour le souper, pendant lequel ce qui a été marqué cy-dessus pour le dîner sera observé. A huit heures et demie, en tout temps, on sonnera la prière du soir où tout le monde se rendra, à moins que quelqu'un ne fût retenu pour cause d'infirmité. Avant neuf heures et demie, l'assistant fera la visite dans toutes les chambres pour voir si tout le monde est couché et les lumières éteintes.

XXX

S'il arrivait que quelqu'un des prêtres qui composent la communauté tombât dans quelque faute grave, contrevînt en chose notable aux statuts et règlements de la maison, ou y causât du trouble et de la division, le Supérieur l'en avertirait d'abord, en secret, avec douceur et charité. Mais si ces avis étaient mal reçus et demeuraient sans succès, le Supérieur le dénoncerait à Monseigneur l'Archevêque ou, en son absence, à celui qui, sous ses ordres, sera chargé de la conduite de la maison, pour y être, par mon dit seigneur, pourvu ainsi qu'il le jugera à propos, par l'exclusion du sujet indocile si le cas l'exige.

XXXI

Tous les jours, après la prière du soir ou à une autre heure dont on conviendra à la fin de quelque exercice, on dira les versets et oraisons pour le Roy, Monseigneur l'Archevêque et les Bienfaiteurs.

Et seront les présents statuts et règlements notifiés

et remis aux prêtres composant la communauté ou Séminaire de Saint-Pothin, établi à l'Ile-Barbe, lus et publiés dans leur assemblée aux jour marqués, afin qu'aucun d'eux n'en ignore et que tous aient à s'y conformer, nous réservant au surplus et à nos successeurs, archevêques de Lyon, la faculté de changer, interpréter, modifier ou diminuer, ainsi que nous le jugerons plus convenable pour le bien de la communauté.

A Versailles, le 10 du mois de décembre 1745.

Ainsy *signé :* Le card. DE TENCIN,
par Son Émin. CARRIER, secr.

Pour extrait des actes du secrétariat de l'Archevêché de Lyon, par moy, secrétaire du dit archevêché, soussigné.

A Lyon, le 7 février 1746.

CARRIER.

ARTICLES

du règlement, arrêtés pour la communauté de Saint-Pothin, sur les représentations des ecclésiastiques qui la composent, par nous, vicaire général, le 6 avril 1762, jour de notre transport à l'Ile-Barbe, pour arrêter les comptes de la maison.

1° Tous les revenus de la communauté et toutes les sommes reçues par l'économe seront déposés dans un coffre fermant à deux serrures prohibitives ; une des clefs sera entre les mains de l'économe, l'autre dans celles du supérieur, et l'on ne pourra retirer les deniers dudit coffre que dans les besoins et en présence du sous-économe.

*
* *

2° Pour éviter tout inconvénient dans la vérification des articles de recette et dépense des revenus de la maison, les comptes seront arrêttés *(sic)* tous les mois par M. le supérieur, signés de lui et par les SS. économe et sous-économe.

Et cet arrette *(sic)* se fera toujours en présence de tous les Messieurs qui composent la communauté, sans que les pensionnaires puissent y être admis.

*
* *

3° Les assemblées qui concernent le temporel de la

maison seront uniquement composées des ecclésiastiques qui forment la communauté, et les pensionnaires en seront exclus.

*
* *

4° Les messes de dévotion et celles de fondations seront acquittées dans l'église, non ailleurs, par Messieurs les ecclésiastiques qui composent la communauté. Messieurs les pensionnaires ne pourront en être chargés qu'autant qu'il y en aurait au delà du nombre nécessaire pour les premiers.

*
* *

5° Aucun de ceux qui composent la communauté ne pourra alller dire la messe dans les chapelles domestiques du voisinage, les fêtes et dimanches, sans l'agrément de Monsieur le supérieur, et Messieurs les pensionnaires seront pareillement obligés de le demander.

*
* *

6° Chaque prêtre se conformera, pour l'heure de sa messe dans l'église, les dimanches et fêtes principalement, au catalogue dressé à cet effet par Monsieur le sacristain et, s'il ne peut la dire à l'heure fixée par le dit catalogue, il se fera remplacer par un de ses confrères.

*
* *

7° Le rang et la place, dans les stalles du chœur, après celle occupée par Monsieur le supérieur, se règlera par l'ancienneté de réception dans la communauté. On suivra le même ordre pour Messieurs les pensionnaires.

* *
*

8° Monsieur l'économe aura soin de faire payer, tous les trois mois, la somme déterminée par Monseigneur l'Archevêque, pour la pension des ecclésiastiques que Sa Grandeur juge à propos d'envoyer dans la communauté. Et, en cas de retardement de leur part, il l'en avertira pour y être pourvu.

Lacroix, vic. gén.

RÉSURRECTION DE LA MAISON DE RETRAITE

Son établisssement à Fourvière.

Lorsque les Juifs furent emmenés en captivité dans la Chaldée, les prêtres s'emparèrent du feu perpétuel qui brûlait dans le temple et le cachèrent au fond d'un puits. Au retour de la captivité, Néhémias, le grand prêtre, envoya chercher, au fond de ce puits, le feu sacré qui y était caché depuis 70 ans. Mais les envoyés ne trouvèrent qu'un peu d'eau croupie : « Puisez et apportez cette eau », leur dit Néhémias. Et dès qu'elle parut au soleil, cette eau s'enflamma et il s'alluma un grand feu (II Mach., I).

Il n'y avait plus, dans le diocèse, de maison de retraite pour les prêtres ; Mgr de Montazet l'avait supprimée en 1782, et les vétérans du sacerdoce demeuraient sans asile.

Mais au fond de quelques bonnes âmes, le feu sacré restait caché et n'attendait qu'une étincelle pour s'enflammer. Une œuvre si éminemment sacerdotale ne pouvait rester perdue.

D'où jaillit cette étincelle ? On ne le saura peut-être jamais. Ainsi que pour la plupart des œuvres de Dieu, l'origine de cette fondation restera enveloppée dans le mystère.

A Dieu seul en soient rendus gloire et honneur !

Il serait juste cependant de nommer ici une âme grande et généreuse qui, pendant un demi-siècle, fut l'insigne bienfaitrice de la cité lyonnaise, et qui donna même son nom à l'œuvre des prêtres : on l'appela « l'œuvre de Madame de la Barmondière ».

Après de sérieuses recherches, j'ai trouvé une note officielle aussi brève que précieuse. La voici : En 1806, Madame de la Barmondière fit construire à Fourvière (aujourd'hui rue Cléberg, 7) une partie des bâtiments destinés aux prêtres âgés et infirmes. Le 28 juillet de la même année, elle acquit, d'un nommé Darnaud, l'autre partie des bâtiments avec jardin et surplus.

Sans chercher à bien éclaircir cette note, je me suis écrié en tressaillant de joie : Voilà le grain de senevé ! C'est probablement là l'origine de l'œuvre.

Cette maison pouvait loger cinq ou six prêtres, avait une petite terrasse, un jardin bien ensoleillé et une chapelle improvisée ; c'était un commencement modeste, mais néanmoins suffisamment confortable.

Ce qui est étonnant, c'est que, cela se passant sous l'administration du cardinal Fesch, on ne voie nulle part apparaître son nom. Du moins, nos recherches n'ont pu aboutir à nous faire découvrir ici son action. Lui qui faisait si grandement les choses ; qui avait montré tant de générosité pour les églises, les communautés et les séminaires ; qui avait déployé tant de zèle pour le recrutement du clergé, n'apparaît nullement pour protéger les vétérans du sacerdoce de son diocèse. Il disait dans une circulaire, en 1807 : « Quel spectacle déchirant que celui de ces vénérables prêtres qui, courbés sous le poids des travaux et de l'âge, sollicitent un repos qu'ils ont si justement mérité !.. Quelle douleur de ne pouvoir exaucer leur prière !... » Et pour ces vieillards intéressants, nous ne voyons pas qu'il ait songé à préparer un asile.

Peut-être le Cardinal, qui avait tout à refaire dans son vaste diocèse, s'en remettait-il, pour cette œuvre, à la générosité d'une riche bienfaitrice. Peut-être aussi, et c'est ce qui est plus vraisemblable, y a-t-il largement coopéré sans que nous puissions trouver la trace de ses bienfaits.

*
* *

Quoi qu'il en soit, l'autorité ecclésiastique n'était pas et ne pouvait pas être en dehors d'une pareille affaire. M. Courbon, vicaire général, qui a porté tant d'intérêt à cette maison, ainsi que nous le verrons, devait être mêlé aux commencements de cette œuvre si éminemment sacerdotale.

Aussi, le 4 mars 1809, voyons-nous l'autorité ecclésiastique intervenir pour appeler de Saint-Étienne, rue Mi-Carême, où était alors la Maison-Mère, des religieuses Saint-Joseph, afin de leur confier le soin de cet hospice des prêtres.

Ce fut une heureuse et féconde mesure que l'introduction des religieuses dans cet établissement, car, c'est peut-être ce qui avait manqué le plus à l'ancien, à l'Ile-Barbe. C'est ce qui assurera l'avenir de cette œuvre qui n'est encore qu'en germe, mais qui, un jour, comme un grand arbre, étendra ses branches sur tout le diocèse et produira les plus heureux fruits.

Ces religieuses vinrent au nombre de cinq : sœur sainte Élisabeth, née Noally, supérieure des religieuses et aussi de l'établissement, car à Fourvière il n'y eut jamais de supérieur ; sœur saint Pierre, née Gros, assistante ; sœur Marie-Thérèse, née Gallet, sacristine ; sœur sainte Pélagie, née Burnichon, infirmière ; sœur saint Simon, converse, née Alumbert, cuisinière.

Ces cinq religieuses firent prospérer la maison de Fourvière, et deux d'entre elles, la supérieure et la cuisinière, devaient venir, quarante ans plus tard, inaugurer la maison princière de Vernaison.

*
* *

D'où provenaient les ressources ? Il ne m'est pas possible de répondre à cette question... Mais, évidemment, c'est à la caisse de Mme de la Barmondière que les religieuses, ainsi qu'elles le firent désormais régulièrement, allaient puiser lorsqu'elles avaient une facture à solder.

A ce sujet, je tiens d'une ancienne religieuse, qui, en qualité de prétendante, avait habité cette maison, ce trait significatif : Cette généreuse dame, lorsqu'on lui présentait une note à payer, ne se plaignait jamais de l'importance de la note, mais elle se plaignait parfois des prodigalités que l'on faisait dans le papier : « Employez, disait-elle, un papier plus petit, et pas besoin de double feuille. »

Cependant, M. Courbon, vicaire général et administrateur du diocèse depuis 1814, ne dut pas manquer, en habile homme qu'il était, de recommander cette œuvre à la charité du clergé. Il dut y avoir, de bonne heure, des collectes et des souscriptions organisées, surtout à l'époque des retraites ecclésiastiques. Mgr de Pins le fait supposer lorsque, plus tard, dans une circulaire ayant pour but de stimuler la charité du clergé en faveur de l'œuvre, il félicite les prêtres du diocèse de s'être déjà, à cet effet, spontanément déterminés à des collectes.

Nous trouvons même un don d'une certaine importance fait à cette époque, et qui indique l'intérêt qu'on portait dans le clergé à cet établissement naissant. M. l'abbé Hubert Bon, vicaire à Saint-Polycarpe, Lyon, lègue par son testament du 21 janvier 1821, à la caisse de secours pour les vieux prêtres, le domaine de Montanay. Ce domaine fut vendu, je ne sais pour quel motif, en 1859.

La Maison de Retraite est établie, elle fonctionne, et les infirmes et les anciens du sacerdoce y trouvent un asile confortable et assuré. Elle continue sa mission salutaire jusqu'à l'arrivée de Mgr de Pins, comme administrateur, et jusqu'à la mort de M. Courbon, qui arrivèrent presque en même temps.

Cet homme de bien et de valeur, qui avait rempli dans le diocèse un rôle si important, s'éteignit le 12 du mois de février 1824. Par son testament, rédigé en 1822, il lègue au diocèse, en faveur des vieux prêtres, trois petites maisons situées à Fourvière, destinées à leur logement. En outre, après deux legs particuliers, l'un au Séminaire et l'autre aux Frères, il fait un legs universel en faveur des mêmes vieux prêtres.

Si nous ne comprenons pas ce que sont ces trois petites maisons qu'il lègue, nous comprenons du moins très bien l'intérêt et l'affection qu'il manifeste à cette maison, que lui, homme de foi, avait tant aimée.

Le décret autorisant l'administration du diocèse à accepter le legs est du 17 novembre 1824.

L'envoi en possession est du 23 novembre, même année.

*
* *

Par un bref du 22 décembre 1823, Mgr de Pins, évêque de Limoges, fut nommé administrateur ou vicaire apostolique du diocèse de Lyon, avec le titre d'archevêque d'Amasie, et bientôt après prit, par procureur, possession du siège. Ce fut Mgr Besson, curé de Saint-Nizier, évêque élu de Metz, qui, au milieu d'un peuple en larmes et devant un Chapitre attristé, fut chargé de cette pénible mission.

Mgr d'Amasie ne tarda pas à s'occuper de la Maison de Retraite de ses prêtres. Le 10 mai 1824, il adressa une circulaire à son clergé, à l'effet de prescrire l'exécution du décret du 1er août 1805, qui accorde le sixième du revenu des chaises d'églises à la Caisse de secours des prêtres infirmes. Ce décret, croyons-nous, n'avait jamais, jusque-là, été mis à exécution. Le sera-t-il, après la circulaire de Monseigneur l'Administrateur? Pas beaucoup, paraît-il; car, dans un synode tenu le 5 septembre 1827, Monseigneur est obligé de déclarer exigible, d'après la loi, le sixième du revenu des chaises, et, pour répondre aux réclamations, il prétend que l'entretien des prêtres âgés et infirmes, est d'une nécessité plus urgente que la réparation et l'ornementation des églises.

Les recettes, quoique un peu augmentées restent bien maigre : Celle de 1829 est de 5.058 fr. 25, et la souscription des cantons ecclésiastiques de 1.734 francs. En l'année 1830, la recette s'élève à 9.837 fr. 15, et en 1831, elle baisse jusqu'à 5.892 fr. 75.

En face de cette situation, Monseigneur l'Administrateur se plaint amèrement, dans une circulaire du 5 janvier 1830. Il parle de grosses réparations faites à l'hospice, de dépenses considérables, soit pour les prêtres qui y sont reçus, soit pour ceux secourus à domicile; de l'insuffisance des secours accordés par l'État; de la diminution sensible des souscriptions dans les cantons ecclésiastiques. En conséquence, Monseigneur a sollicité et obtenu du Roi une ordonnance prescrivant dans le diocèse de Lyon, l'exécution du décret de 1805 et sanctionnant le règlement qui lui avait été présenté.

En exécution de ce règlement, l'Archevêque nomme un conseil d'administration pour le sixième du produit des chaises des églises. 1° M. Montagnier, vicaire général promoteur, est chargé des formalités relatives à la perception ; 2° M. Frangin, chanoine, vicaire général, des informations sur les demandes de secours ; 3° M. Allibert, chanoine, secrétaire, de la perception de ce sixième des chaises.

Il adresse des remercîments à ceux qui ont été exacts à s'acquitter de cette dette sacrée, et il termine en supprimant, dans un *nota*, les souscriptions générales des cantons ecclésiastiques.

De son côté, M. Baron, vicaire général, qui avait succédé à M. Courbon, exprime aussi à plusieurs reprises, en donnant les comptes rendus des recettes, la peine qu'il éprouve en voyant ce résultat peu satisfaisant.

* *
*

Malgré tous ces moyens, la perception du sixième était loin encore d'être complète. C'est pourquoi Monseigneur l'Archevêque, désespérant sans doute d'y arriver jamais, revient aux souscriptions des prêtres dans les cantons, souscriptions qu'il avait supprimées deux ans auparavant et qui étaient, paraît-il, réclamées de nouveau par les prêtres.

Il adressa pour cela, en 1832, une circulaire pressante à son clergé: « Nous ne venons pas, dit-il, stimuler votre zèle, mais en suivre l'inspiration. Nous ne vous proposons pas un moyen qui soit le fruit de nos pensées ; mais nous vous rappelons celui que vous avez indiqué vous-mêmes avec cette bonne volonté franche, prompte et industrieuse qui caractérise le clergé lyonnais.

« Vous vous êtes spontanément déterminés à des collectes... Et vous nous avez demandé de les régulariser, et vous avez hautement manifesté le désir des souscriptions volontaires dans chaque canton.

« Notre affection toute paternelle pour ces dignes ministres des autels qui, après avoir assisté tant de fois les membres souffrants de Jésus-Christ, se trouvent eux-mêmes dans la détresse, ne nous permet pas de négliger une proposition qui fournira des résultats si heureux. Qu'il sera consolant pour nous, Messieurs, de pouvoir faire cesser leurs privations, et de leur apprendre que leurs bienfaiteurs sont leurs propres confrères! Nous l'accueillons donc avec empressement et avec admiration cette proposition... il s'agit de l'œuvre de miséricorde par excellence.

« Epaphrodite, évêque des Philippiens, avait aidé de ses moyens saint Paul prisonnier à Rome; avec quel attendrissement le grand apôtre rappelle-t-il ses services: *Ministrum necessitatis meæ* (Phil., II, 25).

« Il est inutile de vous faire observer, Messieurs, que vos libéralités auront le même objet, et par conséquent le même mérite.

« En conséquence, sans déroger en rien à notre ordonnance sur le sixième des chaises, nous arrêtons:

« Qu'à la seconde conférence ecclésiastique de chaque canton, Monsieur le Secrétaire lira cette circulaire et ouvrira un registre où vous inscrirez la somme que vous voudrez donner pour les prêtres dans le besoin. Cette lecture et cette souscription se répéteront tous les ans à la même époque..... Les souscriptions sont entièrement volontaires; mais si, pour l'avantage de l'uniformité, vous désirez connaître notre pensée, nous pensons que:

« 1° Messieurs les Vicaires pourraient souscrire pour 3 francs.

« 2° Messieurs les Curés de succursales pour 5 francs.

« 3° Messieurs les Curés de Canton pour 10 francs.

« 4° Messieurs les Chanoines et Curés de première classe pour 15 francs.

« 5° Messieurs les Aumôniers des hospices et tous les autres prêtres fixeraient eux-mêmes la somme qu'ils croiront pouvoir donner.

« J. P. Gaston de Pins.
« Archevêque d'Amasie, Adm. »

*
* *

Et malgré cela les ressources restaient insuffisantes : c'est ce que déclare Monseigneur l'Archevêque dans une circulaire du 22 mars 1836. « Jusqu'à présent, dit-il, nous avons pu fournir aux besoins des prêtres âgés et infirmes; désormais, nous devons le déclarer, il nous serait impossible de procurer à ces vénérables pasteurs une existence convenable avec les seules ressources qui jusqu'à ce jour ont été mises à notre disposition. Ces ressources, en effet, vont toujours en diminuant, et les besoins, au contraire, augmentent avec une progression effrayante. Nous sommes donc réduit à laisser gémir sous le poids de l'indigence de saints prêtres... ou à recourir, pour les soulager, à de nouveaux moyens. Or, ces moyens, nous n'en doutons pas, nous les trouverons dans la générosité des prêtres de ce diocèse. C'est donc avec une grande confiance que nous venons aujourd'hui leur proposer le projet qui suit :

« Une caisse de prévoyance sera établie dans le diocèse de Lyon en faveur des prêtres infirmes et indigents. Cette caisse sera alimentée par une souscription annuelle. Nous nous ferons tous, sans exception, un devoir et un plaisir de figurer au nombre des souscripteurs. Il s'agit de secourir des ministres de Jésus-Christ... D'ailleurs ce sont nos confrères et nos amis ; pourrions-nous les laisser souffrir? Ainsi la gloire de Dieu, le bien de la religion, l'honneur du sacerdoce et notre intérêt particulier nous engagent à souscrire et à être généreux dans cette souscription. »

Cette création de la Caisse de Prévoyance est un acte très important; c'est la fondation, non légale, il est vrai, mais réelle, de la caisse qui, encore aujourd'hui, fonctionne avec succès. Mais cette caisse de prévoyance ne fut autorisée légalement que sous le cardinal de Bonald, le 3 février 1849, sous le nom de Caisse de secours.

Telle en était l'organisation : Un conseil général composé de douze membres et présidé par Monseigneur l'Archevêque, et un conseil particulier par chaque canton, composé de quatre membres, outre le curé de canton, membre de droit : tous ces membres seront nommés à la majorité des suffrages.

Deux établissements sont désignés pour les prêtres : l'hospice de Fourvière pour les malades; le Poyet près Chazelle-sur-Lavieu, pour maison de repos. On accordera aussi des secours à domicile.

*
* *

Il semble qu'après ces nombreux essais, on a enfin trouvé le bon moyen, car la Caisse de prévoyance ou de secours est appelée à durer et à produire d'heureux fruits.

Aussi l'année suivante le 29 avril 1837, M. Baron, vice-président du conseil général, adresse au clergé une lettre de satisfaction, où il expose que, comme complément de la Caisse de prévoyance, il conviendrait d'acheter, dans les environs de Lyon, une maison de retraite pour les prêtres âgés et infirmes.

A cet effet, il proposait de former une société de prêtres, où les associés, en versant une certaine somme, seraient propriétaires à vie seulement, et, à leur mort, leurs droits passeraient à la société, c'est-à-dire, finalement au diocèse.

Dans une autre réunion, tenue le 12 septembre de la même année, on modifia ce projet, et on décida qu'on acquerrait au nom du diocèse, en réservant droit d'entrée aux prêtres qui auraient souscrit au moins pour mille francs.

Dès lors on s'occupe de trouver uu local convenable. Mais le temps s'écoule, et le projet n'a pas encore abouti à l'arrivée de Mgr de Bonald, en juillet 1840. Et le nouvel archevêque déclare, dans une réunion du 4 mai 1841, qu'il n'y a pas lieu de donner suite à ce projet; qu'il faut au diocèse un hospice plus vaste et mieux approprié aux besoins.

On voit que déjà il avait un projet spécial tout formé, et ce projet grandiose, il ne tardera pas à le faire connaître.

*
* *

Cependant l'hospice demeure toujours à Fourvière; il y demeura jusqu'en 1846.

Mme de la Barmondière avait, sous forme de vente, donné cette maison à M. Baron, vicaire général, le 19 mars 1832. M. Baron voulut la céder au diocèse le 9 avril 1839, mais cette cession n'ayant pas été autorisée par l'État, il résilia sa donation le 29 mars 1850. Enfin, à cette époque, il la vendit à Mmes Chabot, veuve Garnier, Isabelle Vallé, veuve Veyrat et Lucie Viard, veuve Gilbert Jacob. On allait y fonder la Maison du

Calvaire. Quels services avait rendus cet hospice aux prêtres âgés et infirmes, Dieu seul le sait! Mais pendant cette période de près de quarante ans, combien de prêtres n'y ont-ils pas reçu l'hospitalité! Il ne m'a pas été possible d'en trouver la liste, si toutefois il y eut jamais de liste. A peine ai-je pu trouver quelques noms; les autres sont écrits au Livre de Vie.

M. Baba, ancien missionnaire, oncle du chartreux, y mourut après un long séjour. MM. Lagier et Fournier, l'un et l'autre très âgés, y sont morts. Un M. Bouillard. Un abbé Montmartin y subit l'amputation d'une jambe, et, en reconnaissance, donna plus tard à la maison, alors à Vernaison, des livres précieux et de beaux ornements.

On vit dans cet établissement l'héroïsme de l'amour maternel. Un abbé Jacques, d'une excellente famille lyonnaise, atteint d'une affection cérébrale, y était pensionnaire. Or, sa mère, afin de mieux soigner son fils, se fit religieuse infirmière. M. Champier y séjourna quelque temps, comme poitrinaire, et y reçut un traitement tellement efficace qu'il est mort chapelain à Fourvière, à l'âge de quatre-vingt-cinq ans. L'abbé Chervié, qui vint plus tard mourir à Vernaison, y séjourna quelque temps. On y compte un jeune abbé Brun; un abbé Darde, qu'on fut obligé d'interner à Saint-Jean-de-Dieu. Les abbés Cherblanc et Morin s'y rendaient lorsqu'ils étaient sans poste, ce qui arrivait souvent. Un Breton, ancien curé d'Amions, y resta quelque temps et vint ensuite mourir à Vernaison. M. Faugier et M. Chazal, ancien curé de Thizy, vinrent, avec les religieuses et les meubles, de Fourvière à Vernaison, et furent les premiers pensionnaires de la nouvelle maison.

L'établissement de Fourvière était trop exigu, et ne pouvait suffire aux besoins du vaste diocèse de Lyon, il était donc urgent de le transporter ailleurs. On a vu que c'était depuis longtemps le désir du clergé et de l'administration ; mais c'était une grave question. Qui pourra la résoudre ?

La Providence fut bien bonne pour Lyon. Elle lui envoya un archevêque jeune, à idées grandes, à l'âme généreuse, un archevêque portant un nom illustre, et qui arriva, ayant dans l'esprit et dans le cœur un vaste projet pour la maison de retraite de ses prêtres. C'est lui qui va résoudre cette question.

SON EMINENCE LE CARDINAL COULLIÉ, ARCHEVÊQUE DE LYON

PRIMAT DES GAULES

DEUXIÈME PARTIE

Maison de Retraite actuelle des Prêtres du diocèse de Lyon.

Le cardinal de BONALD

ET LA FONDATION DE LA MAISON DE RETRAITE DES PRÊTRES
A VERNAISON

Le Cardinal Fesch était mort à Rome, le 13 mai 1839. Et le Cardinal d'Isoar, Archevêque d'Auch, désigné comme titulaire, à la place de Mgr de Pins, administrateur, était mort avant sa préconisation.

Mgr Louis-Jacques-Maurice de Bonald, Évêque du Puy, fut appelé, par une ordonnance royale du 4 décembre 1839, au gouvernement de l'importante Église de Lyon.

Dès son arrivée, le nouvel Archevêque se préoccupa de cette partie intéressante de son clergé : les vieillards et les infirmes ; et il songea à leur procurer une retraite plus confortable et plus commode.

Il s'agissait pour cela d'acheter un immeuble qui répondît aux grandes idées de Mgr de Bonald. On chercha donc, et après plusieurs recherches infructueuses, il se présenta une affaire qui convenait admirablement, une propriété sise à Vernaison, appelée le Fromentin. Le 18 mars 1843, Monseigneur acheta par adjudication, en l'audience des criées du tribunal civil de Lyon, cette magnifique propriété qui était destinée à devenir la Maison de Retraite du clergé lyonnais.

.*.

Cette propriété, avant la grande révolution, avait appartenu, en très grande partie, aux dames Degraix et de Montherot, qui, en 1793, avaient fait creuser l'étang et planter les arbres séculaires qui font encore aujourd'hui, un des beaux ornements de Vernaison.

En 1811, elle était l'apanage d'un sieur Delhorme de l'Ile ; et c'est sans doute pour cette raison qu'on l'appelle encore le château de l'Ile.

Elle appartint ensuite à un abbé Serre, oncle du P. Serre, jésuite et de M. Serre-Balay, dont la veuve possède la propriété voisine. M. l'abbé Serre vendit, en 1829, au sieur Vétillard, normand d'origine, qui acheta peu après, d'un sieur Cuisinet, la partie haute jusqu'au lavoir. Ce nouveau propriétaire fit enlever un mur de séparation partant de l'angle de la Provence et allant en ligne droite au mur de clôture, au sud, et dès lors il n'y eut qu'un seul tènement.

Les murs de clôture existaient à peu près dans la partie basse, mais non dans la nouvelle acquisition ; c'est M. Vétillard qui les fit construire ou restaurer, Il fit en outre des embellissements considérables : une serre pour les camélias et une autre serre, chauffée à 42 degrés, pour les ananas ; de toutes parts des conduites d'eau en plomb, des fleurs précieuses, des charmilles, des bosquets et des allées couvertes de verdure d'une extrémité à l'autre du clos. Il fit planter à grand frais, ces arbres d'essences rares qu'on y voit encore aujourd'hui, mais en telle quantité qu'on a été obligé plus tard d'en supprimer un grand nombre.

Enfin, cette propriété devint un séjour de délices que, de loin, on venait visiter par curiosité.

Mais M. Vétillard fut ruiné, ruiné moins par ses dépenses folles dans son parc, que par la batellerie du Rhône où il s'était lancé, dans la compagnie du Sirius. Il fit, paraît-il, mentir le proverbe et fut normand volé, sinon voleur.

Ruiné et dépossédé, M. Vétillard se retira tristement avec sa nombreuse famille du côté de Grigny, demandant, dit-on, au Cardinal de Bonald, la faveur de venir quelquefois, à des heures indues, visiter ce parc l'objet de ses amours, où plutôt de ses folies. Plus tard, il devint, paraît-il, directeur des jardins et des serres de la Couronne, à Compiègne ou à Fontainebleau.

*
* *

Le Cardinal acheta en son nom, moyennant la somme de 202.000 francs, qu'il solda en deux payements. Ce ne fut que plus tard, en 1855, comme nous le verrons, qu'il fit cession totale au clergé de son diocèse.

C'est quelques mois après cette heureuse acquisition, le 8 août 1843, qu'il adressa à son clergé, à l'occasion de l'établissement d'un *nouvel hospice pour les prêtres infirmes*, cette magnifique lettre pastorale qui eut un si grand retentissement et qui produisit un effet si salutaire.

Il convient et il est bon de la reproduire en entier.

« Louis Jacques Maurice de Bonald, cardinal etc.

« Au clergé de notre diocèse.

« Salut et Bénédiction en Notre-Seigneur Jésus-Christ.

« Les occupations graves et multipliées qu'entraine après lui l'épiscopat, ne Nous ont pas fait oublier N. T. C. F., un objet bien digne de la sollicitude d'un pasteur ; depuis longtemps, il a fixé toute notre attention.

« Les soucis inséparables de la direction des âmes, l'insalubrité de plusieurs paroisses, l'exercice d'un ministère sur des montagnes d'un accès difficile et au milieu des rigueurs d'un hiver souvent très prolongé, ne rebutent point le zèle et ne font point chanceler le dévouement de notre clergé. Ce dévouement se retrempe au milieu des fatigues, ce zèle trouve un nouvel aliment au milieu des obstacles. Mais Nous voyons avec douleur que la santé d'un grand nombre de prêtres ne seconde pas l'ardeur qui les dévore pour le salut des âmes. Des infirmités précoces les enlèvent à une carrière où tous leurs pas étaient marqués par de saintes actions ; et des troupeaux confiés à des pasteurs vigilants voient s'éloigner de bonne heure des guides dont l'âge promettait de longs services. L'épuisement de leurs forces, l'affaiblissement de leur tempérament les condamne bientôt à la retraite, parce qu'ils ne peuvent plus rompre le pain de la parole à leurs enfants adoptifs, et les visiter sur leur lit de douleur.

« Que deviendront ces bons serviteurs qui ont fait valoir avec tant de fidélité le talent que leur avait confié le Père de famille ? Où trouveront-ils le repos dont un corps usé par le travail a un besoin si impérieux ? Des soins prodigués avec intelligence et assiduité, ranimeraient la vie dans ces membres exténués par la fatigue. Mais de qui recevront-ils ces soins, ces pasteurs infirmes?

A force de ménagements, ils pourraient être rendus à ces paroisses qui les redemandent à Dieu avec tant de larmes ; mais comment se procurer ces soulagements nécessaires ? Ces prêtres qui ne quittaient la cabane du pauvre qu'après y avoir laissé, avec les consolations de la religion, les aumônes de la charité, n'ont rien réservé pour le jour de la maladie ou de la vieillesse. Trouveront-ils ces secours dans la maison paternelle ? Mais c'est plutôt dans les chaumières que dans les palais des riches que le Sauveur va prendre encore ses apôtres et ses ministres. Peuvent-ils au moins compter sur ces ressources ménagées au dernier employé des administrations civiles après un certain nombre d'années passées au service de l'Etat ? Mais ces ressources ne leur ont pas même été préparées. Faudra-t-il que, pour alléger leurs misères, nos prêtres tendent en passant cette main qui a béni, qui a consacré, qui a porté le Maître du monde ? Ils ne rougiraient pas de le faire puisque un Dieu s'est fait indigent pour nous. Mais, cette main, toute consacrée qu'elle est, ne serait-elle pas repoussée ? Et ce spectacle d'un prêtre mendiant son pain, réveillerait-il le respect, ou achèverait-il d'éteindre un reste de vénération ? Que deviendront-ils donc, ces prêtres fervents environnés des douleurs de la mort, et voyant s'échapper une vie toute employée à consoler leurs frères ? Où se reposeront les pieds de ceux qui évangélisaient sur la montagne et qui annonçaient la paix ? Voilà, ô nos chers coopérateurs, ce que Nous Nous demandions à Nous-même. Voilà les pensées qui Nous préoccupaient, et chaque jour les gémissements d'un prêtre malade venaient rendre plus vives ces préoccupations, et affligeaient notre cœur d'une douleur plus amère.

« Nous avons, à la vérité, auprès de nous et à l'ombre du sanctuaire de Marie, un asile ouvert par la bienfaisance à nos frères infirmes. Mais quelle proportion entre les dimensions de cet hospice et le nombre de nos malades? Et de quelle utilité peut être, dans un si grand diocèse et pour un si grand nombre de prêtres, une maison où six infirmes sont à l'étroit? Nous sommes dans la cruelle alternative ou de conserver dans l'exercice du ministère des prêtres qui n'ont plus la force d'en remplir les fonctions, ou de les laisser à l'abandon, ne pouvant leur procurer ce lieu de repos mérité par tant de zèle et de travaux.

« Notre affection pour vous, N. T. C. F., et tout à la fois notre respect pour tous ceux que Dieu a honorés comme Nous du sacerdoce, Nous prescrivaient de mettre un terme à cet état de gêne. Tout Nous presse de ne plus différer une œuvre éminemment épiscopale.

« En remontant le cours des siècles passés, nous voyons les évêques ne pas oublier, au milieu de leur apostolat, le soin des malades. Ils mettaient au rang de leurs plus beaux titres de gloire, celui d'être les serviteurs des membres souffrants de Jésus-Christ. Ils pensaient que le soulagement de toutes les douleurs était une des plus glorieuses attributions de leur dignité. Ainsi saint Sacerdos à Lyon, saint Landry à Paris, saint Bénigne au Puy, ouvrent des asiles à toutes les douleurs. A côté de leurs églises cathédrales, ces pieux pontifes placent la maison du pauvre, et ne donnent au sanctuaire du Dieu vivant et à l'asile du malade qu'un même nom, un même titre. C'était à leurs yeux, en quelque sorte, un même temple où s'accomplissent différents mystères, mystères de gloire et mystères de souffrance. C'était, pour leur foi, la maison où demeure et le Dieu qui triomphe et le Dieu qui souffre. Partout, c'est la main d'un évêque qui édifie ces hospices, c'est la charité d'un évêque qui les dote, c'est la sollicitude d'un évêque qui en confie la garde à de pieuses vierges.

« Nous le savons, dans les temps modernes, prétendre continuer l'œuvre de ses prédécesseurs, en réclamant le droit de protéger toutes les misères, ce serait presque de la part d'un évêque une pensée coupable d'envahissement, peut-être même, aux yeux de plusieurs, un désir effréné de domination universelle. Cependant Nous ne nous sommes pas cru assez dépouillé d'une de nos plus belles pérogatives, pour ne pas essayer encore d'en faire un noble et saint usage. Nous préparons à nos coopérateurs infirmes un asile plus digne d'eux, une retraite où ils recevront une respectueuse hospitalité, et où leur santé, si précieuse au diocèse, puisera une nouvelle vigueur pour de nouveaux travaux.

« Nos soldats mutilés dans les combats voient s'ouvrir devant eux les portes d'une demeure royale, élevée par la munificence de nos souverains comme une noble compensation de la perte d'un membre et de l'effusion d'un sang généreux répandu sur le champ de bataille. Ils passent, dans un honorable repos, les jours de leur vieillesse, et les trophées de leur valeur ombrageront, jusque dans les siècles les plus reculés la tombe où seront déposées leurs dépouilles glorieuses. N'êtes-vous pas N. T. C. F., les chefs de la milice du Seigneur ? N'avez-vous pas toujours les armes à la main pour attaquer le vice, combattre l'erreur et défendre la vérité ? Cette santé affaiblie, ce corps usé, plus encore par les infirmités que par l'âge, ne sont-ce pas là les fruits de cette lutte continuelle contre l'esprit du mal ? Un asile d'honneur et de repos vous est donc bien dû aussi, lorsque vos pieds ne peuvent plus courir dans la carrière, et que la défaillance seule de vos forces ne vous permet plus de manier le glaive de la parole.

« Aussi c'est avec bonheur que Nous vous annonçons, nos chers coopérateurs, que Nous avons acquis pour vous, et dans la prévision de vos infirmités, une maison dont l'heureuse situation, les ombrages qui l'entourent, contribueront à vous rendre une santé que Nous ne saurions conserver par trop de sacrifices. Vous honorerez ce lieu par votre présence, vous le sanctifierez par votre résignation, vous le consacrerez par vos douleurs. Si l'on a dit avec vérité qu'un prêtre est un autre Jésus-Christ par son caractère, il en est l'image bien plus vive lorsqu'il est infirme. Le sacerdoce couronné par la douleur, est bien Jésus, prêtre et victime. Dans cet hospice sacerdotal, vous serez entourés de vénération et de soins, et nous espérons que nos successeurs sur le siège de Lyon, ne trouveront pas de plus doux délassement à leurs travaux que d'aller passer quelques moments au milieu des généreuses victimes de leur vocation.

« Pour recevoir dans le nouvel Hospice un plus grand nombre de prêtres, il est indispensable de construire un bâtiment dans des proportions assez vastes. *Il Nous serait impossible d'exécuter notre projet si vous ne nous veniez en aide*, N. T. C. F. Nous comptons sur votre concours et notre espérance ne sera pas trompée... Vous voudrez tous contribuer à élever avec Nous ce pieux monument, et y poser chacun une pierre, qui proclamera, pendant la durée des temps, l'étendue de votre charité et votre amour pour vos frères dans le sacerdoce. Vous comprendrez tout l'honneur qu'il y a à soulager des infirmes, qui ne le sont devenus que pour avoir été les serviteurs de tous, et avoir pratiqué une constante abnégation d'eux-mêmes dans les fonctions de l'apostolat : *Beatus qui intelligit super egenum.*

« Si dans notre court passage au milieu de vous, N. T. C. F., il Nous est donné de fonder dans ce diocèse cette nouvelle *Maison de Dieu*, Nous emporterons au moins la consolation d'avoir été l'instrument d'une œuvre utile à des coopérateurs qui Nous sont si chers à tant de titres, et dont Nous aurions voulu que la santé secondât plus puissamment le zèle.

« A ces causes, le saint nom de Dieu invoqué, Nous avons statué et statuons :

« 1° Le nouvel Hospice des prêtres infirmes sera placé sous la protection particulière de saint François de Sales, et portera le nom d'*Hospice de Saint-François-de-Sales*.

« 2° M. l'abbé Allibert, notre secrétaire, est chargé de recevoir les dons et les souscriptions destinés à la construction du nouveau bâtiment.

« 3° On pourra souscrire au secrétariat ou chez les curés de canton, qui nous feront parvenir le montant avec les noms des Bienfaiteurs.

« Les ecclésiastiques qui ne pourront pas verser de suite le montant de leurs souscriptions pourront prendre trois ans pour en compter une partie chaque année.

« Messieurs les curés qui recevront quelques dons des fidèles pour le nouvel Hospice, nous transmettront les noms des donateurs avec leurs offrandes.

« 4° Il sera conservé dans l'Hospice un registre sur lequel seront inscrits les noms de tous les ecclésiastiques qui auront contribué à la construction du bâtiment, et la quotité de la somme pour laquelle ils auront souscrit.

« 5° Lorque les prêtres pourront être reçus dans l'Hospice de Saint-François-de-Sales, il sera célébré tous les samedis, dans la chapelle de la maison, une messe pour les Bienfaiteurs.

« 6° A la prochaine Retraite Pastorale, un compte rendu des sommes reçues pour le nouvel Hospice sera mis sous les yeux du clergé, avec les noms des ecclésiastiques souscripteurs.

« 7° La souscription que Nous proposons, n'a aucun rapport avec la Caisse de prévoyance déjà établie. C'est une mesure transitoire qui n'a d'autre but que la construction des bâtiments du nouvel Hospice.

« 8° Il n'est rien changé au mode d'admission des prêtres infirmes dans l'Hospice, et au règlement en vigueur dans ce pieux établissement.

« Et sera notre présente Lettre Pastorale envoyée à tous les curés et desservants de notre diocèse et communiquée... etc.

> « Donné à Lyon, en notre palais archiépiscopal, sous notre seing, le sceau de nos armes, et le contreseing de notre secrétaire, le 8 octobre (fête de saint Etherius, évêque de Lyon)... 1843.
>
> « † L.-J.-M. Card. de Bonald,
> « Arch. de Lyon.
>
> « Par mandement de Son Eminence :
> « Allibert, Chan. Secrétaire. »

*
* *

Cette souscription, demandée en si nobles termes et par un Cardinal Archevêque revêtu d'un prestige magnifique, eut un succès merveilleux : pas un prêtre du diocèse qui n'ait voulu, conformément à la demande de son archevêque apporter une *pierre* pour la construction du nouvel Hospice. De sorte que, sur le tableau des Bienfaiteurs, et en tête, on a été obligé, ne pouvant inscrire tous les noms, de se servir de cette formule générale : « Mgr le Cardinal de Bonald, archevêque de Lyon, et tout le clergé du diocèse, à cette époque ».

Néanmoins, je regrette vivement de ne pouvoir trouver la trace de ce registre, ordonné par les statuts ci-dessus, où devaient être inscrits les noms de tous les Donateurs, ainsi que la quotité de leurs dons. Quant aux Bienfaiteurs inscrits, anciens et modernes, on en donnera plus loin le tableau.

Cet élan, cette générosité de nos frères aînés est un spectacle digne de toute notre admiration et de toute notre reconnaissance. Si tous leurs noms ne sont pas inscrits ici-bas sur nos registres, ils le sont certainement là-haut sur les registres du Ciel. Et dans cette maison de Vernaison, qu'ils nous ont préparée, leur souvenir est toujours vivant, et chaque samedi la Messe est célébrée, chaque jour des prières sont faites par toute la communauté, pour le repos de ces dévoués Bienfaiteurs.

Mais le Bienfaiteur par excellence, généreux jusqu'à l'héroïsme, ce fut le Cardinal de Bonald. Il n'est question, qu'on le remarque bien, dans cette souscription que de la construction des bâtiments; l'achat de la propriété et les mille détails d'embellissements à apporter plus tard à l'Hospice, le Cardinal s'en charge : le Cardinal répond à tout et suffit à tout; sa générosité ne se lassait jamais dès qu'il s'agissait de sa chère Maison de Vernaison.

* * *

Après avoir choisi la situation la plus favorable pour la construction, on s'était mis aussitôt à l'œuvre, et le 2 juillet 1843, peu de mois après l'acquisition, on avait béni la première pierre.

Les travaux, commencés de suite, marchèrent avec tant de rapidité qu'au commencement d'avril, l'année suivante, 1844, les murs étaient à plus de trois mètres au-dessus du sol, qu'à la fin de la même année le toit fut placé, et qu'au printemps de 1846 l'établissement fut habitable. Le 15 mai 1846, le clergé en prit solennellement possession.

C'est le chanoine Combe, qui n'en était pas à son coup d'essai, qui fut l'architecte. La surveillance des travaux en fut confiée à M. l'abbé Cotton, chapelain de Fourvière, qui fit en outre remblayer les terrasses, tracer des chemins, planter les arbres fruitiers et les salles d'ombrage.

Ces deux hommes de mérite, après avoir montré un si beau dévouement et avoir rendu d'immenses services, furent blessés par quelques critiques hasardées sur leur œuvre, et ne vinrent plus, M. Combe surtout, de longtemps, visiter Vernaison. Mais tout fut oublié plus tard, et le Chanoine architecte devint même un bienfaiteur insigne de la maison. Il lui légua le grand calice, objet d'art superbe, ainsi que tous les meubles du grand salon, pendule, fauteuils et canapés.

L'œuvre des souscriptions en faveur de l'Hospice allait de pair avec les constructions et avec autant de rapidité, et M. Barou, le 18 avril 1844, en félicite le clergé au nom de Son Eminence. Un grand nombre de souscripteurs demandèrent à solder immédiatement, de sorte que les travaux pouvaient être réglés à mesure qu'ils étaient exécutés.

Dès la première année, 1844, d'après le compte rendu du 3 juin 1845, les souscriptions s'élevèrent au chiffre énorme de .... fr. 149.998 50
Sur cette somme on avait déjà reçu 88.159 50
Il restait à percevoir .... 61.839 »
Le compte détaillé de la dépense à la même époque s'élevait à 86.656 50
et il restait en caisse .... 1.503 »
La seconde année, 1845, d'après le compte rendu du 26 mai 1846, les dons et souscriptions augmentèrent encore et à ce moment elles étaient arrivées au total de 166.340 50
Il avait été perçu 126.834 20
Restait à percevoir .... 39.509 »

Le compte de caisse était à ce jour :
Souscriptions perçues 126.834 20
Emprunt gratuit 33.663 50
Capital versé, sous conditions acceptées .... 3.000 »

Total des sommes perçues 163.497 70

A la même époque, le compte détaillé des dépenses s'élevait à........................ 162.816 50
Restait en caisse, ce jour 681 20

Le 31 mai 1849, M. Barou, d'après l'ordre de Son Eminence, communique au conseil et au diocèse la situation précise de la souscription diocésaine à l'œuvre de l'Hospice de Saint-François-de-Sales.

Il conste des registres et documents :

1º Que les dons et souscriptions montent à ..... fr. 199.252 30
2º Versé sous conditions acceptées .... 3.000 »
3º Emprunté la somme de 34.763 50
4º Qu'on a reçu en dernier lieu 312 50

5º Que la recette totale s'élève à 237.328 30
Il a été payé pour la construction de l'Hospice, la somme de 237.015 80

En caisse............ 312 50

Il reste à rembourser au plus tôt l'emprunt qui a été fait de 34.763 50

Monsieur le Vicaire général invite encore, au nom du Cardinal, les prêtres en retard à envoyer leur souscription.

Il termine en donnant lecture de l'arrêté du gouvernement, du 3 février 1849, qui autorise l'établissement d'une Caisse de retraite pour les prêtres âgés et infirmes du diocèse de Lyon. Aux termes du règlement y annexé, un nouveau conseil d'administratton sera nommé, et M. Barou adresse des remercîments aux conseillers actuels, et annonce que Son Eminence va publier une circulaire à ce sujet.

*
* *

La Caisse de prévoyance, établie le 22 Mars 1836 par Monseigneur l'Archevêque administrateur, avait continué de fonctionner régulièrement, parallèlement et en dehors de la souscription pour la construction de l'Hospice ; et, quoique pas encore légalement autorisée, avait rapporté annuellement jusqu'à neuf mille francs les premières années et quatre à cinq mille, les dernières.

C'est cette caisse qui, officiellement légalisée par le décret du 3 février, va devenir, en changeant de nom, la Caisse de secours de Vernaison, la base de l'établissement, la caisse qui fonctionne encore aujourd'hui avec plein succès. C'est du reste ce qu'expliquera le Cardinal dans sa circulaire.

Voici d'abord le décret présidentiel qui, 1°, déclare d'utilité publique l'établissement de Vernaison ; 2°, érige légalement la Caisse de secours :

« ART. 1er. — Est autorisée, à titre d'établissement d'utilité publique, la fondation dans le diocèse de Lyon d'une Caisse de retraite pour les prêtres âgés et infirmes.

« ART. 2. — L'administration de cette caisse appartiendra à l'Archevêque de Lyon, conformément aux statuts approuvés au conseil d'Etat, et qui resteront annexés au présent arrêté.

« ART. 3. — Sont applicables au dit établissement, la loi du 2 janvier 1817, et les ordonnances réglementaires des 2 avril 1817 et 14 janvier 1831, concernant les dons, placements et tous actes translatifs de la propriété ;

« L'arrêté du 21 frimaire an XII relatif aux formalités à observer pour les translations et procès. Le titre IV du décret du 6 novembre 1813, sur l'administration des biens des séminaires, en celles de ces dispositions qui ne sont point contraires aux statuts dont il est parlé en l'article précédent;

« Et généralement toutes les dispositions qui régissent les établissements ecclésiastiques.

« 3 Février 1849. »

La circulaire du Cardinal au sujet de l'établissement de la Caisse de secours, ne se fit pas attendre; elle est du 7 août de la même année, et mérite d'être transcrite.

« Nos chers coopérateurs,

« Nous sommes heureux de pouvoir vous annoncer l'établissement légal, dans le diocèse, d'une Caisse de retraite en faveur des prêtres infirmes et indigents. Celle qui existait de fait a été approuvée par arrêté du Président de la République, le 3 février de l'année courante. Elle pourra donc désormais accepter les dons et les legs que la piété et la charité lui destineront.

« Il serait inutile de nous arrêter ici à démontrer l'utilité de cet établissement. Vous en comprenez aussi bien que nous l'indispensable nécessité. Un vaste diocèse, qui renferme un si grand nombre de prêtres indigents, infirmes, ne peut pas se passer d'une maison pour les ecclésiastiques malades. Grâce à la Divine Providence, nous en possédons une grande, commode et qui réunit tous les avantages et même tous les agréments que l'on peut désirer : c'est l'Hospice de Saint-François-de-Sales. Vous avez contribué à la construction de cet édifice : nous sommes charmés de trouver ici l'occasion de vous témoigner notre reconnaissance. Croyez-le bien, les vétérans du sacerdoce qui ont épuisé leur santé en travaillant au salut des âmes, ces vénérables prêtres accablés d'infirmités, et souvent en proie à la misère, sont l'objet le plus cher de notre sollicitude, et nous pouvons dire avec vérité comme l'apôtre : *Quis ex vobis infirmatur, et ego non infirmor.*

« Il ne suffit pas d'avoir une maison agréablement située, dans un climat sain, il faut encore qu'elle soit dotée. A quoi servirait de réunir de pauvres prêtres dans un superbe local si on ne leur fournissait les moyens de vivre convenablement et honorablement ?

« Il est aussi des prêtres indigents qui ne jugent pas à propos d'entrer dans l'Hospice de Saint-François-de-Sales, et préfèrent recevoir du secours à domicile. Les uns et les autres méritent notre bienveillance. Nous laissons à chacun une entière liberté, et nous sommes dans l'intention de les secourir tous, selon les moyens dont nous pourrons disposer.

« Ces moyens se composent : 1° Du prélèvement du sixième du produit de la location des bancs et des chaises de toutes les églises; conformément au décret du 13 thermidor an XIII, dont l'exécution a été autorisée dans le diocèse, par ordonnance royale, le 29 novembre 1829.

« 2° Des souscriptions volontaires faites par les membres du clergé.

« 3° Des dons particuliers et des biens, meubles et immeubles, que la caisse possède ou qu'elle sera autorisée à recevoir.

« Le sixième du produit des bancs et des chaises fournirait d'abondantes ressources; mais il est mal payé, ou plutôt, il faut bien le dire, et nous ne le disons qu'avec douleur, il n'est pas payé du tout. Cependant, c'est une dette, et une dette sacrée.

« Nous savons qu'il est des paroisses, dont les fabriques ont besoin de toutes leurs ressources. Nous comprenons que le prélèvement intégral du produit du sixième des chaises et des bancs pourrait devenir onéreux aux fabriques en général; aussi l'administration de la Caisse de retraite est-elle disposée à traiter les fabriques avec tous les ménagements nécessaires, sans renoncer à un droit qui lui est assuré par la loi; elle se contentera du dixième ou du douzième lorsque les fabriques ne pourront faire davantage. Elle traitera même de gré à gré avec les fabriciens, et en conservant ses droits, elle ménagera l'intérêt des fabriques; elle s'en rapportera à leur droiture.

« Quant aux souscriptions volontaires, nous avons des éloges à donner au clergé de ce diocèse. Au premier appel, il s'est montré charitable et généreux. Malheureusement, par nous ne savons quelles circonstances, les souscriptions produisent aujourd'hui à peine la moitié de ce qu'elles produisaient au commencement. Cependant les besoins n'ont pas diminué, au contraire, ils ont augmenté et nous avons un bien plus grand nombre de prêtres à secourir.

« Ranimez donc en vous, chers coopérateurs, l'esprit de charité, ayez compassion de vos frères souffrants; faites pour eux ce que vous voudriez qu'on fît pour vous, si vous étiez dans leur position. Qui pourrait sonder les profondeurs de l'avenir et prévoir ce que la Providence réserve à chacun de nous sur la terre? Ce qu'il y a de certain, c'est que Dieu récompensera magnifiquement, dans le ciel, les sacrifices que vous vous serez imposés pour soulager ses ministres indigents.

« Vous avez des aumônes à faire dans vos paroisses, nous en convenons, mais les sacrifices qu'on demande pour les pauvres prêtres sont si minimes qu'ils ne vous empêcheront pas de secourir les pauvres de vos paroisses. Messieurs les Vicaires pourront, sans se soumettre à de trop grandes privations, donner tous les ans chacun dix francs; Messieurs les Desservants chacun vingt, et Messieurs les Curés chacun trente. Les autres prêtres donneront à proportion de leurs ressources. Tous contribueront à la bonne œuvre, et personne n'en sera plus pauvre. Supprimez quelques dépenses inutiles; abstenez-vous de voyager sans utilité, et vous trouverez de quoi satisfaire à tous les besoins.

« Enfin, nous recevrons avec reconnaissance les dons qu'on aura la charité de faire à la Caisse de retraite. Nous présumons que Messieurs les ecclésiastiques surtout, sans trop déranger leurs dispositions de dernière volonté, n'oublieront pas entièrement leurs confrères indigents.

« Vous nous avez compris, nos chers coopérateurs. Nous avons la ferme confiance que vous vous ferez un devoir de conformer votre conduite à nos désirs.

« Le conseil d'administration de la Caisse de retraite sera composé ainsi qu'il suit, conformément aux statuts approuvés par le gouvernement, art. 3.

« Monseigneur l'Archevêque, président;

Un Vicaire général, vice-président; deux Chanoines; deux Curés; deux Desservants; un Secrétaire, tous nommés par l'Archevêque, et un Trésorier présenté par l'Archevêque et agréé par le Ministre.

« Sont nommés :

MM. Barou, Vicaire général, vice-président;
    Combe, Chanoine;
    Thiollière-Dutreuil, Chanoine;
    Menaide, Curé de Saint-Nizier, à Lyon;
    Crozet, Curé de Notre-Dame, à Montbrison;
    Vialard, Desservant de Saint-Ennemond, à Saint-Etienne;
    Metton, Desservant de Saint-Pothin, à Lyon;

MM. Allibert, Chanoine, secrétaire ;

Celle, sous-secrétaire de l'Archevêché, trésorier.

« Agréez, nos chers coopérateurs, l'assurance de notre inviolable attachement.

« † L.-J.-M., Cardinal de Bonald,
« Arch. de Lyon. »

La circulaire du 7 août établit clairement la situation.

Le Diocèse est désormais légalement doté d'un établissement et d'une Caisse de secours pour les prêtres âgés et infirmes. Mais il s'agit de les entretenir ; et par quels moyens ? Monseigneur le Cardinal en indique trois : le prélèvement sur le revenu des chaises ; les souscriptions du clergé, les dons et les biens reçus ou possédés déjà par la Caisse.

Le premier moyen, le prélèvement sur le revenu des chaises, n'a jamais été universellement pratiqué, et, devant la résistance des fabriques, la circulaire aussi bien que le décret, sont restés lettre morte.

La Caisse de secours n'a donc été alimentée, pendant plus de trente ans, que par les souscriptions et les dons. Et le grand donateur a toujours été Monseigneur le Cardinal de Bonald ; ce furent aussi ses successeurs, les Archevêques de Lyon.

Quant au conseil d'administration, nommé par le Cardinal et dont nous avons donné la liste, c'est le conseil renouvelé ou non, à mesure que se produisent les vacances, qui a fonctionné jusqu'au 30 avril 1883, époque où, conformément à un décret présidentiel, une commission nouvelle fut nommée au suffrage. On peut bien ajouter, je crois, que cette commission ancienne n'avait guère fonctionné. C'était le Cardinal président, qui administrait par lui-même ou bien par son vice-président,

M. Barou, ou, après lui, M. Pagnon, vicaire général et également vice-président.

* *

Le palais de Vernaison était enfin construit. Il avait coûté, nous le savons, de grosses sommes, et encore n'avait-il pas reçu les derniers embellissements; il n'était pas fini; quand le sera-t-il?

Quoique au point de vue de l'art, il n'ait rien de merveilleux, cet établissement est grandiose et commode. C'est une construction rectangulaire, avec un pavillon à chaque extrémité, extérieurement très imposante. Et intérieurement elle est très commode; ses vastes et longs corridors, ses vestibules spacieux, à chaque étage, permettent aux prêtres de s'y promener en tout temps, l'hiver comme l'été, par la pluie et le soleil. Un escalier monumental, aux marches très douces; la disposition des chambres avec alcôves et placards; la multiplicité des oratoires à proximité des chambres, pour la facilité des infirmes; tout prouve la sage prévoyance de l'architecte et la tendre sollicitude du pontife.

Il y a de vastes cuisines, bien agencées, avec dépendances et pompes pour les eaux; une belle salle à manger, ornée d'un grand portrait du cardinal de Bonald et des portraits des autres archevêques; une salle de billard, un grand salon richement meublé et une intéressante bibliothèque.

La grande chapelle, où l'on se réunit pour les exercices communs, ne manque pas de charmes; elle est surtout très commode pour les vieillards et les infirmes.

Ajoutez à cela les vastes terrasses tout autour; les frais ombrages si précieux pendant l'été; des avenues délicieuses à travers les bois de chênes; des balcons à tous les étages, une vue ravissante sur le fleuve et la vallée du Rhône, vue qui s'étend au loin sur le Dauphiné, jusqu'aux Alpes et au mont Blanc, et fait les délices de tous les pensionnaires et surtout des infirmes; et vous aurez une idée de cette habitation que l'on peut appeler princière. La nature, vraiment prodigue pour ce séjour, n'a pas même omis d'y faire épanouir les belles fleurs et la riche verdure, et d'y faire entendre le doux murmure des ondes d'un ruisseau et le chant harmonieux de nombreux rossignols.

C'est là que se donneront rendez-vous les générations futures du clergé lyonnais. Et il y a pour ces prêtres âgés et infirme, qui, après avoir vécu longtemps ensemble dans les séminaires, s'étaient peut-être perdus de vue, il y a, dis-je, un certain charme à se retrouver dans un autre séminaire qui n'est plus celui des jeunes ans. Alors les liaisons se reforment facilement, les vieux souvenirs se réveillent : que d'observations, de réflexions sur la vie passée, sur les diverses localités qu'on a habitées, viennent défrayer les conversations. Oui, cette vie, dans ce séjour délicieux, aura bien son charme.

Et que de généreuses vertus viendront là jeter leurs derniers reflets; combien de saintes vies viendront là s'éteindre ! Combien de beaux exemples et de puissants stimulants n'y trouvera-t-on pas encore ! Combien aussi n'y cueillera-t-on pas de couronnes pour l'immortalité!

*
* *

Les portes de Vernaison étaient ouvertes; des demeures y étaient préparées. Il ne restait plus qu'à appeler, dans cette terre promise, les prêtres de la rue Cléberg, qui attendaient avec impatience ce fortuné signal. C'est ce que l'on fit un beau jour de printemps, le

17 mai 1846. Et alors on vit arriver ces vétérans du sacerdoce, au nombre de trois ou quatre. Ils étaient accompagnés et soutenus par leurs sœurs infirmières : Mère Sainte-Elisabeth, sœur Saint-Siméon, et les trois sœurs Melay, Saint-Honoré et Saint-Gratien.

De ce nombre était M. Chazal, ancien curé de Thizy, qui ne jouit pas longtemps de ce nouveau séjour, car il mourut avant la fin de l'année. M. Faugier qui, après être resté longtemps à Fourvière, passa encore de longs jours à Vernaison. Il y avait encore l'abbé Cherblanc qui n'était de la maison que par intermittence.

Monseigneur le Cardinal donna pour supérieur à l'établissement M. l'Abbé Sanquin, curé de Vernaison, qui, laissant sa cure à son vicaire, tout en conservant l'aumônerie des sœurs Saint-Joseph, vint s'établir à Saint-François-de-Sales. M. Sanquin fut le premier supérieur, car à Fourvière il n'y en avait jamais eu. C'était un homme très pieux, mais froid et manquant d'initiative. Il ne fut du reste chargé que du spirituel ; la propriété était affermée, et les Religieuses s'occupaient du matériel, ou plutôt c'est Mgr le Cardinal qui, dans sa sollicitude pour sa chère maison, en garda la direction ; c'est de lui qu'émanaient les ordres de même que l'argent.

Mais la maison était loin d'être terminée. Il n'y avait d'habitables que quelques chambres du premier étage, le numéro 6 pour M. Chazal et le numéro 7 pour M. Faugier. Les pauvres religieuses n'avaient pour elles toutes qu'une seule chambre, celle de la Mère supérieure. Les ouvriers travaillaient toujours, et le couronnement de l'œuvre ne sera mis que plus tard.

En 1849, au moment du règlement des comptes, ce couronnement n'était pas encore achevé.

⁂

Vernaison ne garda pas longtemps l'excellente Mère Sainte-Elisabeth. Cette sainte religieuse, née Noally, originaire de Roanne, s'éteignit doucement et pieusement au milieu de ses filles en novembre 1850, à l'âge de 66 ans. Elle avait été, en qualité de Supérieure, une des premières religieuses envoyées, en 1809, à la maison de Fourvière, et elle vint encore en 1846, organiser le nouvel établissement de Vernaison. De sorte que sa vie entière s'était consumée aux soins des prêtres malades et infirmes.

Ce qu'il y avait en elle de particulièrement remarquable, c'était son grand esprit de foi ; elle voyait dans le prêtre Notre-Seigneur Jésus-Christ lui-même, et de là, toute sa ligne de conduite. Elle avait pour les prêtres un respect profond qui resplendissait dans tous ses actes, dans toute sa vie. Elle les appelait *ses* prêtres, les aimait, et désirait les voir heureux. C'est pourquoi elle faisait des recommandations incessantes à ses jeunes religieuses pour leur faire pratiquer à l'égard de *ses* prêtres la patience et le respect. Une d'entre elles, alors bien jeune et qui a aujourd'hui quatre-vingts ans, m'a rapporté qu'elle fut d'abord suspecte à cette bonne Mère parce qu'elle avait été auparavant employée dans les prisons : « Je crains, lui disait-elle, que vous ne traitiez *mes* prêtres comme vous traitiez vos prisonniers. »

Elle veillait à tous les détails, commandait chaque soir, jusqu'au dernier jour de sa vie, le dîner du lendemain, et discutait avec la sœur cuisinière sur les apprêts, afin que *ses* prêtres fussent bien traités. Elle ne reculait devant aucune privation, aucune fatigue, dans le but de les rendre heureux. On a même raconté qu'on l'avait vue se mettre pieusement à genoux devant un prêtre pendant qu'elle pansait ses plaies.

Elle forma à son école une génération de jeunes religieuses, qui, comme elle, et en pratiquant ses leçons, ont passé leur vie au service des prêtres ; sœur Dosithée, son habile et précieuse cuisinière, morte en juillet 1884, sœur Marie-Epiphanie, l'excellente Supérieure actuelle ; les quatre sœurs Melay de Saint-Genis-Terre-Noire, dont il ne reste plus qu'une seule, sœur Alexis, la sacristaine émérite de la Maison.

Cette bonne Mère Elisabeth était dangereusement malade, lorsque le 9 novembre 1850, au matin, M. le Chanoine Montagnier, pensionnaire, son conseiller et son ami, vint lui annoncer qu'il partait pour Lyon, mais qu'il ne s'attarderait pas, car, ajoutait-il, il voulait être présent à sa mort pour présenter lui même son âme à Dieu.

Or, M. Montagnier mourut subitement à Lyon pendant la journée ; et l'on n'osa pas annoncer ce malheur à Mère Elisabeth. De sorte que jusqu'à sa mort, qui arriva quelques jours après, elle se tourmenta dans la crainte qu'il ne fût arrivé quelque accident à cet ami dévoué.

La mémoire d'une auxiliaire aussi précieuse ne doit pas périr dans la maison de Vernaison.

Il s'agissait de nommer pour succéder à Mère Elisabeth une nouvelle Supérieure, et, vu que c'était par son intermédiaire que Mgr de Bonald administrait le temporel de la maison, ce choix était délicat. Le Cardinal désigna une religieuse qu'il avait connue au Puy, sœur Sainte-Rose, née Drevet, ancienne Supérieure de Saint-Didier-la-Seauve, et alors attachée à la Maison mère de Lyon. Cette religieuse, « femme de tête », ainsi que l'a désignée plus tard un illustre pontife de Lyon, fera beaucoup pour l'Hospice des prêtres, où il y avait encore tant à faire.

*
* *

Peu de temps après, en 1854, M. Sanquin donna sa démission de supérieur, et se retira à Fourvière, auprès de M. Galtier, aumônier du Verbe Incarné, où il demeura jusqu'à sa mort. Ce premier supérieur était un pieux et saint prêtre, ami de la simplicité et de la pauvreté au point de ne vouloir pour la maison que des meubles de rebut. Il vendit une superbe voiture donnée par M. Chazal, sous prétexte qu'elle était trop belle, plus belle que celle de l'Archevêque, ce qui ne convenait pas. Il était fait pour la vie contemplative plutôt que pour la vie active de Vernaison.

Son successeur fut M. Giroud, ancien curé de Saint-Eucher, à Lyon, qui fut installé en juillet 1854.

Ce nouveau supérieur, homme d'intelligence et de valeur, était infirme et ne marchait qu'à l'aide de deux béquilles. Il était animé pour la maison des meilleurs intentions, et il aurait fait beaucoup de bien, mais il ne fut supérieur que vingt mois. Il mourut le 23 mars 1856.

C'est M. Menaide qui fut nommé, le 19 avril 1856. Le bon M. Menaide, qui fut le troisième supérieur de la maison, venait du séminaire de l'Argentière où il avait été quarante ans directeur, et un directeur bien aimé. Homme de paix et de prière, il ne voulut d'autre occupation que de dire son chapelet, et d'aimer les prêtres de la maison comme il avait aimé ses élèves au séminaire ; il les appelait ses *petits*.

Pendant les quinze ans de son administration, il ne s'occupa jamais ni du temporel, ni de la comptabilité.

La Mère Sainte-Rose s'acquittait admirablement de cette fonction au nom de Monseigneur le Cardinal.

*
**

Auprès de l'habitation grandiose et majestueuse des prêtres, celle de Monseigneur l'Archevêque était d'une apparence bien modeste. C'était l'ancienne habitation de M. Vétillard, vieille maison construite en pisé, et humide par la raison qu'elle était assise sur le sol et sans caves au-dessous. En 1855, Monseigneur la fit disparaître, et fit construire par M. Desjardin, architecte du diocèse, un palais de bon goût et digne de sa haute destination, qui lui coûta 125.000 francs. Ce prix l'étonna quelque peu. C'est là au milieu de ses prêtres, que Monseigneur l'Archevêque viendra, ainsi que ses successeurs, se reposer de ses fatigues, et sa présence sera toujours agréable aux vétérans du sacerdoce.

C'est bien là l'acte d'une âme généreuse et bonne, de venir, après avoir sacrifié des sommes énormes pour le bien-être de ses prêtres âgés et infirmes, de venir, dis-je, se fixer au milieu d'eux pour prendre son repos et sa récréation. Mgr de Montazet s'était créé, à Oullins, loin de son clergé, un palais princier, un palais pour lui seul; et c'est là qu'après avoir supprimé la maison de retraite de ses prêtres infirmes et malades, il allait se reposer et se récréer. Mgr de Bonald, au contraire, bâtit d'abord un palais pour ses prêtres malades; ensuite comme un bon père, il vient se créer un pied-à-terre, auprès de ces mêmes prêtres, et c'est là qu'il trouvera ses délices.

D'ailleurs, s'il y a, à Saint-François-de-Sales, des corps malades et souffrants, il y a aussi quelquefois des âmes aigries et endolories, et une parole gracieuse, une visite sympathique du Père de la famille sacerdotale devient pour ces âmes un baume précieux, un remède salutaire.

***

Dans sa grande prévoyance et dans sa vive affection pour son œuvre, Monseigneur le Cardinal voulut lui donner un caractère de complète indépendance.

Il avait, on s'en souvient, acheté et payé la propriété en son nom, et il voulait à cet effet, en faire la cession à son clergé. Il fut même, à cet effet, grandement inquiet pendant une maladie assez sérieuse qu'il fit à Vernaison même ; il craignait, en cas de décès, de laisser dans sa succession des embarras pour le diocèse. C'est pourquoi il exprimait aux religieuses qui le soignaient combien il avait hâte de se rétablir et de régler cette affaire.

En conséquence, le 20 février 1855, il fit au clergé la rétrocession complète et sans aucune réserve de la propriété et de l'établissement. Voici la pièce en entier :

Déclaration d'affectation de la propriété de Vernaison à la Caisse de retraite des Prêtres, par Son Eminence Mgr le Cardinal de Bonald, archevêque de Lyon.

« Par-devant Ducruet et son collègue, notaires à Lyon, *soussignés*, a comparu :

« Son Eminence, Louis-Jacques-Maurice, Cardinal de Bonald, Archevêque de Lyon et de Vienne, primat des Gaules, Sénateur, Commandeur de l'Ordre Impérial de la Légion d'honneur.

« Demeurant à Lyon, au palais archiépiscopal, agissant en sa qualité d'Archevêque de Lyon.

« Lequel a déclaré que, pour la fondation d'une maison de retraite en faveur des prêtres âgés et infirmes, il a acquis une propriété, située à Vernaison, canton de Saint-Genis-Laval, Rhône, vendue au préjudice de M. Vétillard, dit Ribert, suivant jugement d'adjudication rendu en l'audience des criées du tribunal civil de Lyon, le 18 mars 1843, au prix de *deux cent deux mille francs*, qui a été payé suivant deux quittances reçues par Mᵉ Laforest et son collègue notaires, les 11 novembre 1843 et 27 août 1846.

« Cette propriété est d'une contenance de *onze hectares soixante et onze ares six centiares*. Elle a été augmentée des bâtiments nécessaires à sa destination. Le prix de l'adjudication et les frais de construction ont été payés avec les deniers fournis par le *clergé du diocèse de Lyon*.

« Les prêtres âgés ou infirmes du diocèse furent placés dans cette maison de retraite aussitôt après la construction des bâtiments.

« Un décret en date du 3 février 1849 a sanctionné cette fondation.

« Pour mettre en harmonie avec les dispositions de ce décret les faits qui l'ont précédé, Son Eminence le Cardinal de Bonald, agissant en sa qualité d'Archevêque de Lyon.

« *Déclare*, affecter spécialement à la caisse de retraite fondée et autorisée en faveur des prêtres âgés et infirmes du diocèse de Lyon, la propriété des immeubles situés à Vernaison, provenant de M. Vétillard, dit Ribert, tels qu'ils sont désignés dans l'adjudication du 18 mars 1843 avec les bâtiments et autres accroissements qui y ont été ajoutés pour les approprier à cette destination.

« Dont acte.

« Fait et passé à Lyon, au palais archiépiscopal l'an 1855 et le 20 février.

« Lecture faite, Son Eminence le Cardinal de Bonald a signé avec les notaires.

« *Suivent les signatures.*

« A la marge de la minute est la mention suivante :

« Enregistré à Lyon, le 21 février 1855, f¹ 155 v°, cases 1 et 2. Reçu 2 francs, 0 décime, 20 centimes (*Signé*) Jandon. Expédition collationnée (*signé*) Ducruet.

« Vu par nous sénateur chargé du département du Rhône (*signé*) Vaïsse.

« Lyon, 29 janvier 1859. »

* * *

A l'occasion de la cession faite par Monseigneur le Cardinal à son clergé, il fut dressé un état descriptif et estimatif de la propriété qu'il serait intéressant de connaître.

En voici les principaux passages :

« Copie du procès-verbal descriptif et estimatif de la propriété de Mgr de Bonald à Vernaison, servant de refuge aux prêtres âgés et infirmes du diocèse de Lyon.

« Description de la propriété.

« La propriété appartenant à Mgr le Cardinal de Bonald, Archevêque de Lyon, est située sur la route départementale qui conduit de cette ville à Givors, et sur la commune de Vernaison, en amont du village proprement dit.

« Cette propriété est entièrement close de murs, et sa contenance totale est de 13 hectares, 47 ares, 26 centiares.

« Cette contenance se subdivise en terres de diverses natures, telles que prairies et jardins d'agrément, bois, verger, vignes, pièces d'eau, terrasses, bâtiments. etc.

« Placée en amphithéâtre sur le versant de la colline qui s'étend des communes de Charly et Saint-Genis jusqu'au Rhône, cette propriété se présente de la manière la plus heureuse ; et des points les plus élevés du clos, placé du côté du nord, on jouit d'une vue magnifique sur le Rhône, les collines qui le bordent sur l'autre rive, et les Alpes à l'horizon.

« Cette propriété tournée au midi et au levant garantie des vents du nord, jouit d'une température particulièrement douce et régulière ; les produits qu'on y recueille sont généralement précoces par rapport aux terrains du voisinage, moins favorisés comme situation.

« Elle a donc été favorablement choisie pour devenir un lieu de repos, après l'exercice prolongé du ministère ecclésiastique, pour les prêtres âgés et infirmes, ou un lieu de convalescence pour ceux que les soins pénibles du sacerdoce ont particulièrement atteints dans leur santé.

« Il eût été difficile de rencontrer mieux sous ce rapport, et plus à proximité de Lyon, chef-lieu du diocèse.

« Ainsi donc, sous le rapport de la salubrité, de la douceur, de l'égalité de la température qui y règne, comme aussi par suite des aménagements intérieurs du bâtiment, qui a été érigé pour hospice ; enfin, par le fait de la proximité d'une ligne de chemin de fer, qui réunit les deux départements du Rhône et de la Loire, formant l'ensemble du diocèse, la propriété de Mgr de Bonald réunit des avantages incontestables, ils ajoutent encore à la valeur réelle d'un sol généralement bon, celle d'une convenance parfaite pour le service auquel elle est appliquée.

« Mgr de Bonald, en créant un hospice dans cette propriété, a voulu s'y conserver un pied-à-terre ; plus tard, ce pied-à-terre, mal construit et humide, faute d'un sous-sol, a été reconstruit dans les meilleures conditions de salubrité et de confortable. Il forme aujourd'hui une habitation dans laquelle cet administrateur d'un grand diocèse vient avec plaisir prendre de temps à autre quelques jours de repos. »

Suit la description tant de l'habitation des prêtres que de l'habitation de l'Archevêque.

ESTIMATION DE LA PROPRIÉTÉ

Surface totale de la propriété............ Fr.	160.000
Bâtiment de l'hospice	170.000
Il a coûté davantage, mais il y a eu dégradation	
Maison de l'Archevêque a coûté............	125.000
Bâtiments d'exploitation et murs de clôture	45.000
Mobiliers et outils	30.000
Total............ Fr.	530.000

Fait et dressé par nous, architecte du diocèse de Lyon, en notre âme et conscience.

Lyon, le 10 novembre 1858.

L'architecte du diocèse de Lyon,
(*Signé*) Desjardin.

Vu par nous, sénateur, chargé de l'administration du département du Rhône,

(*Signé*) Vaïsse.

*
* *

Pendant que le Cardinal assurait l'avenir de la maison et l'établissait d'une manière légale, il veillait d'autre part à son organisation intérieure.

La nouvelle supérieure, Mère Sainte-Rose, répondait parfaitement à son attente, et faisait, sous sa haute direction, prospérer l'établissement. Que d'heureuses réformes! que d'embellissements exécutés pendant cette période.

Le fermier, métayer du clos, avait laissé tomber en friche la propriété. Monseigneur l'Archevêque voulut la faire cultiver désormais par les domestiques, sous la direction des religieuses. Et cette mesure eut un tel succès, que désormais on put non seulement suffire aux besoins de la maison, mais encore en retirer quelques produits que Mère Sainte-Rose utilisa pour des embellissements.

Des chemins nouveaux et plus commodes, ainsi que des allées, furent tracés ; en particulier l'allée de Saint-François-de-Sales, et plus tard celle qui est en face. Et, pour joindre l'utile à l'agréable, on y planta des treillages, en même temps qu'on y élevait deux tonnelles en fer avec des bancs en chêne. La salle d'ombrage, plantée d'abord par M. l'abbé Cotton, n'ayant pas réussi, fut replantée à la même place dans un sol mieux préparé. Et aujourd'hui cette salle d'ombrage forme un des plus riches ornements de la maison.

D'autre part, le chanoine Combe, l'architecte, trop limité dans ses ressources, avait été obligé de se borner au strict nécessaire ; et lorsque, pressé de l'habiter, le clergé en prit possession, il restait encore beaucoup à faire.

Les petits oratoires dans les étages, avec leurs crédences, leurs autels et l'ornementation ; la décoration du grand salon ; la lingerie, la bibliothèque, la pharmacie, les bains, la salle de billard, avec tous les agencements ; les appartements des religieuses ; tous ces travaux ont été exécutés successivement chaque année, de 1850 à 1860.

La grande chapelle fut l'objet de soins particuliers ; le chœur fut décoré de fresques par un jeune artiste de renom, Dominique Bonnefoy, qui, en sa qualité de fils du médecin de la maison, les exécuta gratuitement.

Elle fut revêtue tout autour de boiseries, et ornée d'un autel qui ne manque pas de mérite. La table de communion en fer forgé, un objet d'art, vint de l'archevêché, et les vitraux furent donnés, l'un par Mgr de Bonald, et les deux autres par M. Mayet, curé de Saint-Genis, et par M. Thomas, ancien curé de Morancé. Les gracieuses banquettes en velours vert et les statues de la *Sainte Vierge* et de *Saint Joseph* furent fournies par Mère Sainte-Rose ; la statue de *Saint Antoine* a été donnée bien plus tard, par une religieuse de la maison. Le tableau de *Saint François de Sales*, œuvre d'un peintre lyonnais connu de Monseigneur, fut payé par les sœurs Melay. Celui de *Saint Augustin* est de Frenet. Le Cardinal lui donna la commande de ce tableau et le paya fort cher, à l'effet de consoler cet artiste du chagrin qu'il avait éprouvé de voir ses fresques de l'église d'Ainay effacées et remplacées par celles de Flandrin, à l'effet surtout de le ramener à l'Eglise qu'il avait abandonnée ; je ne sais s'il y réussit. Les autres tableaux, *Saint Charles* surtout, ne sont pas sans mérite, et sont des cadeaux de Mgr de Bonald.

Pour toutes ces œuvres, toute cette organisation, ces nombreux détails qu'il est impossible d'énumérer, il fallut évidemment de grosses sommes d'argent ; à Mère Sainte-Rose revient le mérite d'avoir su se les procurer.

*
* *

En 1861, M. Bussières, ancien curé de Saint-Bonnet-le-Troncy, en témoignage de sa vive reconnaissance pour les soins qu'il avait reçus dans la maison, pendant neuf ans de paralysie, laissa en mourant, le 21 avril de la même année, une certaine somme à l'hospice. Le Cardinal permit que ce legs fût employé à décorer le batiment de ce rusticage qui a produit un si bel effet.

On eut en même temps l'heureuse idée de placer des balcons à la maison : trois au premier étage, et un au deuxième. Les deux balcons des vestibules, sur la façade sont assez spacieux pour que les infirmes et les convalescents puissent y faire des promenades aériennes.

M. Desjardin, architecte diocésain, voulut bien donner gratuitement les dessins et les conseils nécessaires pour établir solidement les consoles destinées à soutenir cette masse.

Les prêtres pensionnaires, qui avaient tant désiré cette réparation, et en particulier, M. Gazel, ancien curé du Chambon, se cotisèrent pour couvrir une partie des frais. Le surplus fut payé par le Cardinal, qui n'a jamais rejeté les demandes de réparations utiles.

A cette même époque, il mit tant d'empressement à faire poser la seconde rampe du grand escalier que, dans la crainte de quelque chute des prêtres infirmes, il ne cessait d'écrire pour faire accélérer le travail.

Ce bon Archevêque vit avec tant de plaisir, érigée sous la tonne, la statue de *Saint François de Sales*, patron de la maison, qu'il voulut la bénir lui-même. A cette occasion, il y eut une magnifique cérémonie : tous les prêtres en surplis, les religieuses et les domestiques se rendirent processionnellement sur les lieux, et Monseigneur donna une solennelle bénédiction et plaça l'établissement sous la protection de ce bon et aimable saint. Cette statue avait été payée par le produit d'une collecte faite parmi les prêtres de la maison. C'était en 1866.

Quelque temps plus tard, des prêtres zélés pour la maison de Dieu, et en particulier M. Brey, ancien curé de Saint-Jean-Bonnefonds, firent un don généreux à l'effet de terminer la chapelle et de la mettre en harmonie avec les peintures de Dominique Bonnefoy, et en conséquence on fit exécuter, sur les murs et le plafond, le vernissage et les dorures qu'on y admire encore aujourd'hui.

En même temps pour préserver les murs des détériorations que pouvaient y occasionner les domestiques, en s'y appuyant, on y fit faire des bancs à haut dossier, qui ne produisirent pas mauvais effet.

Comme le nombre des prêtres pensionnaires allait toujours croissant, on fut obligé de créer de nouvelles chambres ; et c'est pourquoi, en 1869, on fit terminer au troisième étage trois nouvelles chambres, et pour y avoir accès on fit placer, dans deux antichambres sans cheminée, des escaliers tournants en bois de chêne. Ces trois chambres, ainsi que les trois autres, au même étage, que l'on fera terminer plus tard en 1894, sont aujourd'hui des appartements recherchés. Les prêtres qui ont conservé assez de force pour y monter jouissent d'une vue ravissante sur la vallée du Rhône et sur les Alpes.

*
* *

Cette période, du commencement à 1860, que l'on peut appeler la période de formation, avait été pour Vernaison un temps pénible et laborieux ; mais voici qu'on arrive à une époque plus heureuse, l'organisation intérieure paraît à peu près complète. C'est pourquoi on éprouve le besoin de s'agrandir, le besoin de récolter pour la maison une quantité suffisante de bon vin de Vernaison. Pour cela, il fallait acheter des vignes en dehors de la clôture, et c'est ce que l'on fit.

A l'aide de dons recueillis auprès des amis de la maison et en particulier auprès de M. Pagnon, vicaire général, Mère Sainte-Rose acheta, le 2 avril 1861, la vigne Génissieux, de 25 ares 40 centiares, et en même temps une parcelle adjacente de 12 ares 93 centiares, d'un nommé Mayenson, et forma de ces deux lots la belle vigne, près du portail de fer. Le 4 novembre 1861, elle acheta sur le plateau, au-dessus du clos, une terre de 37 ares, d'un nommé Guillon, et plus tard, le 8 décembre 1866, d'Abel Chambeyron, une vigne de 25 ares, et créa en unissant ces deux fonds, la belle vigne qu'elle appela de son nom, Sainte-Rose. Elle acheta encore la vigne Berger de 27 ares, le 8 décembre 1866.

Les deux autres vignes, en dehors du Clos, furent achetées par M. Brun, la vigne Vachez de 32 ares, le 24 mars 1873, et la vigne Audouard de 57 ares, le 18 juin 1880.

Ces deux acquisitions furent payées avec des sommes provenant en grande partie de M. Chapuy, curé de la Guillotière, et confiées à Monsieur le Supérieur.

Indépendamment de ces vignes qui forment une riche ceinture autour de l'établissement, il y en a de très belles dans la clôture ; il y a aussi de superbes treillages, et ce n'est pas sans plaisir que les promeneurs peuvent, lorsque arrive la saison, contempler ces grappes vermeilles.

Ce clos de Vernaison, on peut dire de lui aussi qu'il est plein de toutes sortes de fruits excellents, moins sans doute le fruit de l'arbre de la science du bien et du mal.

*
* *

Le 24 février 1870, le diocèse eut la douleur de perdre le digne cardinal de Bonald. Il avait administré sagement, pendant trente ans, l'Eglise de Lyon et l'avait enrichie d'œuvres fécondes et de précieux établissements. Mais ses deux créations par excellence furent le grand Séminaire de Saint-Irénée et la Maison de Saint-François-de-Sales : le séminaire de Saint-Irénée pour la formation du jeune clergé, et Saint-François-de-Sales pour lui servir de refuge à la fin de la carrière.

C'est la pensée qu'a si bien fait ressortir le P. Caussette, dans le panégyrique de l'illustre pontife : « Quand sont venues pour eux (les prêtres) les infirmités de l'âge, il leur prépare des Invalides, dignes de la magnificence de son cœur et de celle de leurs œuvres. Et si je le considère entre son Grand Séminaire de Fourvière et sa belle fondation de Vernaison, tendant une main à ses prêtres qui commencent, une autre à ses prêtres qui finissent, je trouve en lui la plus belle personnification du zèle épiscopal pour la propagation lévitique. »

Nous n'avons pas à parler ici des œuvres innombrables qu'il encouragea et qu'il soutint de ses libéralités inépuisables. Les grandes ressources que la Providence lui confiait étaient distribuées avec tant de générosité que ses revenus étaient presque toujours épuisés d'avance. Il ordonna, par son admirable testament, de vendre son mobilier en entier au profit des pauvres qu'il avait tant aimés.

Mais il n'est pas d'œuvre qui lui tînt plus au cœur que celle de ses prêtres à Vernaison. Que de choses faites et payées dans cette chère maison dont il n'a jamais parlé : il se plaisait à taire ses bienfaits. Ah ! du moins les habitants de la maison de Saint-François-de-Sales s'en souviendront-ils ! et le portrait de ce saint pontife, qui orne la salle à manger, servira-t-il désormais à graver encore plus profondément son souvenir dans le cœur de tous les prêtres !

MONSEIGNEUR GINOULHIAC ET VERNAISON

Pendant que disparaissait la grande et belle figure du Cardinal de Bonald, les évêques de la chrétienté étaient réunis à Rome pour le Concile du Vatican, ouvert le 8 décembre 1869. Pour lui donner un successeur, le Saint-Père jeta son choix sur un des membres du Concile et un des moins en vue. A cause de l'étendue de ses connaissances, il choisit Mgr Ginoulhiac, évêque de Grenoble, qui fut préconisé le 27 juin.

Le nouvel archevêque prit de loin possession de son siège, par un mandement du 3 juillet 1870, daté de Rome. « C'est de Rome, commence-t-il, où nous retiennent encore pour quelque temps les travaux du Concile, que nous voulons vous adresser nos premières paroles. Il nous semble que, parties de ce centre immortel de la vérité et de l'unité catholique, elles vous paraîtront avoir plus de lumière et d'autorité, et elles iront plus droit à vos esprits et à vos cœurs. »

Le Concile fut clos le 18 juillet 1870, et aussitôt après Mgr Ginoulhiac vint faire son installation dans sa cathédrale de Lyon, mais à cause des malheurs du temps ce fut sans solennité extérieure : c'était le 11 août.

Il arrivait dans son nouveau diocèse précédé d'une

réputation bien méritée de savoir et de vertu, et sous les auspices les plus favorables.

Que sera-t-il pour Vernaison ? Au point de vue extérieur et administratif, tout avait été réglé par le défunt Cardinal. La maison, alimentée par les souscriptions annuelles et par quelques dons, se suffisait et poursuivait sa belle mission. Mais à l'intérieur il y avait encore des améliorations à faire, et Mgr Ginoulhiac en fit exécuter de très heureuses, ainsi que nous le savons.

*
* *

L'année suivante, le 28 mai 1871, s'éteignit, à l'âge de 82 ans, le bon Supérieur, le P. Menaide. Il avait tenu avec zèle, non pas le sceptre, car le sceptre était tombé en quenouille, mais la direction spirituelle de la maison ; il avait sinon fait, du moins laissé faire, en les encourageant, d'importantes réparations dans la maison.

M. l'abbé Brun, un prêtre pieux et exemplaire, secrétaire de l'Archevêché depuis 25 ans, fut désigné pour lui succéder. Il fut installé, sans aucune solennité, par M. Pagnon, vicaire général, le 15 juin 1871.

Il y eut alors dans l'établissement une modification importante qui ne passa pas inaperçue :

L'administration temporelle de la maison, qui jusque-là avait été exercée presque exclusivement par la supérieure des religieuses, sous la haute direction du cardinal lui-même, fut confiée tout entière au nouveau supérieur. Celui-ci, en conséquence, se fit, dès son entrée, remettre toutes les clefs.

L'accroissement considérable du personnel, et aussi l'opinion dans le clergé, exigeaient sans doute quelques modifications, mais peut-être aurait-on pu user de quelques ménagements à l'égard d'une religieuse dévouée et intelligente qui, pendant sa longue et habile administration, avait fait, on peut dire, la Maison de Vernaison.

Quoi qu'il en soit, Mère Sainte-Rose accepta avec une soumission parfaite et une résignation exemplaire ce nouvel état de choses. Elle vécut encore quelques années, jusqu'en juillet 1874.

Elle avait formé, pour le service délicat de l'hospice, un grand nombre de jeunes religieuses, qui assurent son bon fonctionnement pour une génération entière :

Sœur Saint-François, l'aide inséparable de sœur Alexis pour les sacristies ; sœur Marie-Joséphine, l'habile cuisinière ; sœur Rose-Emilie, l'intendante expérimentée et dévouée ; sœur Saint-Augustin, une infirmière renommée.

Et maintenant cette bonne Mère repose sous une modeste tombe du cimetière du village. C'est là que les religieuses de la maison vont parfois faire un pèlerinage et retremper leur dévouement et leur piété.

*
* *

Mgr Ginoulhiac, qui se plaisait à Vernaison et y faisait de longs séjours, désira débarrasser son palais de vieilles constructions qui l'obstruaient disgracieusement.

Pour cela, il fit démolir un vieux cuvier et une grande serre, au nord et à l'est du palais, et fit convertir une ancienne buanderie en atelier de menuiserie.

En même temps, il chargeait M. Desjardin, son architecte, de construire, quelque part, une buanderie plus grande et plus appropriée aux besoins de la maison. L'endroit choisi fut une ancienne carrière de pierre, au nord du clos ; et c'est là que l'on établit cette construction, avec de belles caves au-dessous.

Les démolitions, les réparations autour du palais, la construction de la buanderie, etc., s'élevèrent au prix de 24.289 fr. 50. Monseigneur paya de ses deniers 8.400 fr. ; il prit sur sa mense épiscopale 5.889 fr. 50. et la caisse de la maison fournit le surplus : 10.000 francs. Total 24.289 fr. 50 C'était en 1873.

Cette buanderie était manquée ; on fut obligé plus tard d'y remédier. Lorsque la commission administrative eut été nommée en 1883, M. Coudour, curé de Notre-Dame-Saint-Vincent, président, et M. Gouthe-Soulard, aujourd'hui Archevêque d'Aix, vice-président, accomplirent aux frais de la caisse cette importante amélioration, et perfectionnèrent le mieux possible cet établissement, si important dans la maison.

En 1874, M. Brun fit construire à la suite de la buanderie le cuvier actuel, et au-dessous la grande cave bétonnée en chaux hydraulique. Cette construction coûta 10.000 francs environ, pris sur la caisse de la maison.

La même année, le Supérieur, dans le but d'alimenter d'eau douce la buanderie, fit creuser par les domestiques sur la terrasse du côté nord, une citerne de quinze mètres de long sur cinq de large et quatre de profondeur, bétonnée et cimentée au fond, ainsi que les canaux de la galerie. Cette citerne reçoit, par des canaux en terre cuite, l'eau de toute la toiture de l'hospice. Le coût fut de 5.000 francs pris sur les deniers de la maison.

Le hangar au nord-ouest de la maison fut construit en 1875, avec bois et pierre de la propriété. M. Brun paya la dépense de sa propre caisse.

En même temps fut creusé, sous le hangar, le puits qui au moyen d'une pompe, alimente le réservoir du 2me étage, ainsi qu'un bassin sous le hangar.

* * *

Ainsi qu'on l'a vu, Mgr Ginoulhiac s'intéressa grandement à l'établissement de Vernaison, et, quoiqu'il aimât à s'enfermer dans son palais, au milieu de ses in-folios, il ne manquait pas de visiter les malades et les infirmes, et se montrait, selon son habitude, toujours très intéressant.

Mais il est regrettable qu'il n'ait pas su profiter des circonstances favorables à cette époque, et qui ne se représenteront peut-être jamais, de faire autoriser dans la propriété un cimetière pour les prêtres. Il en fut question, paraît-il, mais son entourage trouva que ce serait trop triste, et le projet fut abandonné. Aujourd'hui la chose n'est plus possible.

Il venait de faire imprimer les statuts élaborés dans ce synode diocésain où il avait jeté tant de flots de lumière, lorsque se manifestèrent les premiers symptômes de la terrible maladie qui devait l'emporter. On aperçut dans cette belle intelligence des lacunes et des absences momentanées, et le mal s'accrut rapidement. Enfin le 17 novembre 1875, Mgr Ginoulhiac s'éteignit subitement à Montpellier, où il était allé chercher pour sa santé un air plus doux, laissant dans son Diocèse un souvenir impérissable de bonté autant que d'intelligence. Il avait occupé le siège de Lyon six ans à peine.

C'était un évêque éminent ; et un juge compétent avait raison de dire un jour, après l'avoir entendu : « Nous venons d'entendre le discours d'un Père de l'Eglise. »

LE CARDINAL CAVEROT ET VERNAISON

Mgr Caverot, évêque de Saint-Dié, désigné pour succéder à Mgr Ginoulhiac, reçut à la fois, le 20 avril 1876, avis de sa nomination par deux dépêches, l'une du ministre et l'autre du nonce apostolique.

Revenu de son saisissement, Mgr Caverot écrivit au nonce qu'il ne pourrait accepter qu'à une condition, c'est qu'il lui fût donné assurance que le Souverain Pontife lui-même le voulait à Lyon. Il hésitait, car il avait 70 ans. La réponse ne se fit pas attendre, et dès le lendemain matin un télégramme lui apportait cette assurance. L'Archevêque nommé n'eut alors qu'à répéter cette parole de saint Liguori : « Volonté du Pape, volonté de Dieu. »

Le Souverain Pontife avait depuis longtemps manifesté une sympathie particulière pour Mgr Caverot, « cet évêque et demi ! » comme il l'avait appelé, « cette colonne de l'Eglise ! » Il avait ajouté : « Cet évêque qui est si grand est surtout grand par le cœur ! »

Il fut préconisé dans le Consistoire du 26 juin 1876, et le 12 août fut installé solennellement dans l'église primatiale de Lyon.

Ici se place un souvenir touchant et de bon augure pour Vernaison : le nouvel archevêque, comme pour donner aux vétérans de son clergé les prémices de ses sentiments, descendit à Vernaison la veille de son installation. Et c'est de là que, le lendemain, il partit pour prendre possession du siège de la Primatiale des Gaules.

La réception à Bellecour et l'installation à l'église de Saint-Jean furent très solennelles, et le nouvel archevêque, montant pour la première fois dans la chaire de sa cathédrale pour lire son premier mandement, fit grand plaisir aux Lyonnais, non par son allusion au prophète Jonas, mais par l'éloge pompeux de l'église de Lyon et par une touchante invocation à Notre-Dame de Fourvière.

Ce pontife, après s'être montré d'abord prévenu et défiant envers son clergé, fut plus tard un excellent père pour tous ses diocésains, prêtres et séculiers. Mais il fut bon surtout pour Vernaison et ses habitants âgés et infirmes.

Il aimait cette campagne et y faisait de longs séjours. Il se plaisait dans ces allées ombreuses et sous ces platanes séculaires dont les branches, entrelacées à une hauteur vertigineuse, lui rappelaient les voûtes gothiques de sa cathédrale.

Pendant son séjour, il ne passait presque pas un jour sans faire sa visite à la maison de ses prêtres. Il commençait d'abord par la visite au Saint Sacrement; il continuait par la visite aux malades, les appelant par leur nom, connaissant leur chambre et leur donnant toujours une bonne parole. Il faisait parfois de longues pauses chez les religieuses, s'intéressait à leurs travaux, à leurs peines, et les encourageait de son mieux, soit par une histoire édifiante, soit par un petit cadeau. C'était le bon père de famille au milieu de ses enfants.

Dans sa sympathie pour les religieuses, il occasionna même, sur la fin de sa vie, une certaine désorganisation dans l'hospice. Il les avait vues à l'œuvre, avait su les apprécier et c'est pourquoi il en prit pour sa maison deux des plus précieuses : sœurs Saint-François et Saint-Augustin. Heureusement qu'aussitôt après sa mort elles se hâtèrent de rentrer au giron.

* *
*

Pour la propriété, Monseigneur fit des améliorations importantes. Les écuries et remises laissaient à désirer, et, placées à proximité du palais, étaient d'un voisinage peu agréable ; il les fit démolir et les fit reconstruire, ainsi que la ferme, au bas du clos, où elles sont aujourd'hui. Il y mit, ainsi que l'atteste M. Pagnon, une forte somme de sa caisse privée. Le surplus fut payé par la caisse de la maison.

Cette construction, confiée à un architecte du nom de Vachon, sous la direction de M. Brun, Supérieur, coûta des sommes considérables, plus de 60.000 francs, et encore les charrois furent-ils exécutés par les voitures et les domestiques de la maison. Ce fut au point que Monseigneur le Cardinal s'en plaignit amèrement. La raison, c'est qu'on modifia plusieurs fois les plans : on devait d'abord ne pas construire de maison d'habitation ; ce ne fut que plus tard qu'on changea d'avis et qu'on fit ce qui existe.

Enfin, cette construction, quoique trop resserrée et peu commode pour sa destination, a belle apparence ; et peut-être, avec le temps, les inconvénients pourront-ils disparaître.

Le Cardinal fit, en outre, de précieux embellissements : il fit planter autour de son palais et dans les prés un grand nombre d'arbres verts d'essence rare et précieuse, qui feront un jour le charme de Vernaison.

Il fit construire la grotte qui existe derrière le palais, donna la belle Madone en marbre blanc qui la couronne et y fit placer un jet d'eau qui, sans valoir ceux de Versailles, produit un bel effet.

L'intérieur du palais était en très mauvais état; il y fit faire des réparations considérables, et il orna de beaux meubles et de tableaux de mérite le salon, les chambres, la salle à manger, le vestibule et la chapelle. Il déclarait en même temps que tous ces meubles resteraient à Vernaison après lui. Ses héritiers, M. et M%me% de Vaulgrenant, respectèrent scrupuleusement, même en ajoutant, les intentions de leur bien cher oncle.

*
* *

D'autre part, le Cardinal ne négligea rien pour créer à la maison des ressources suffisantes, soit en fournissant de sa propre cassette, ainsi que l'atteste encore M. le vicaire général Pagnon, soit en encourageant les dons et les souscriptions dans le diocèse.

Pour cela, il chargea M. Pagnon, vice-président du conseil d'administration, de donner annuellement le compte rendu détaillé et par cantons, des souscriptions; et, de cette sorte, il fit maintenir à un bon niveau les offrandes du clergé.

Le 12 mars 1880, le vicaire général écrivait: « Nous venons, comme les années précédentes, vous rendre compte, au nom de Son Éminence, des offrandes recueillies pour Vernaison. L'année 1879 a été moins bonne que les précédentes. En 1877 et 1878, la recette avait dépassé 7.000 francs; et en 1879, elle est tombée à 6.573 francs.

« Ce n'est pas un grand sacrifice que nous réclamons de chacun de vous, mais une offrande de quelques francs, un témoignage de sympathie et de bienveillance pour de dignes confrères.

« Nous avons cependant à remercier trois ou quatre confrères qui, dans l'année 1879, sont venus en aide à l'hospice en versant à la caisse un capital, dont ils se sont réservé seulement la rente leur vie durant. Puisse cet exemple avoir de nouveaux imitateurs. Ce mode de libéralité a le double avantage d'assurer aux bienfaiteurs de l'hospice l'exécution de leurs intentions charitables et de n'occasionner pour l'administration aucun frais, aucune formalité. »

Suit la liste des souscriptions.

L'année suivante M. Pagnon, dans son compte rendu, déclare que les offrandes n'ont pas augmenté, et que si quelques libéralités, en dehors des souscriptions, en particulier celle de feu M. l'abbé Peytel, n'étaient venues au secours de la caisse, on se serait trouvé dans de sérieux embarras.

En 1882, le 1er avril, M. le vicaire général, en donnant encore le compte des souscriptions, dit au clergé : « Nous pouvons nous rassurer sur la situation de la caisse de l'établissement. La crise financière ne l'a point atteinte. » C'était après le « krach » de la caisse de secours viagers.

Il fait ensuite ressortir les besoins de la caisse de Vernaison, et parle des *libéralités* de Son Eminence, et d'un don anonyme d'une certaine importance. En outre, les pensionnaires de l'Hospice se feront un devoir de conserver dans leurs prières le souvenir de M. Chapuis, curé de la Guillotière, mort naguère, si généreux pour la maison, de son vivant et à sa mort. Il est affligé, dit-il, de voir diminuer les ressources. « C'est pourquoi, ajoute-t-il, nous engageons vivement Messieurs les prêtres du diocèse à ne pas oublier un établissement qui assure aux invalides du sacerdoce une digne et généreuse hospitalité. »

⁂

Le sinistre financier de la caisse du diocèse, fondée en 1865 sous le patronage du Cardinal de Bonald, et qu'on peut appeler caisse de rentes viagères, avait produit un certain éclat. Les journaux hostiles s'en étaient emparés avidement et l'avaient publié à grand bruit dans leurs colonnes, en le dénaturant. Le ministre des cultes, confondant dans son esprit la caisse de prévoyance de Vernaison, fondée en 1836 et approuvée par décret en 1849, avec la nouvelle caisse viagère fondée en 1865, adressa des plaintes à Son Eminence. Ce qui contribuait encore à jeter la confusion dans l'esprit du ministre, c'est que la caisse de Vernaison, qui n'avait nullement été atteinte par le krack, était seule connue du ministre, tandis que la caisse viagère du clergé était une affaire *toute privée* et inconnue du gouvernement.

Ces deux caisses étaient donc totalement différentes. Néanmoins le ministre, quoique éclairé par les explications du Cardinal, prononça par un décret du 30 avril 1883 la dissolution du Conseil de la caisse dite de Vernaison, et la réorganisa complètement sur de nouvelles bases.

En somme le ministre prescrit :

« Que cette caisse se nommera *Caisse de secours* pour les prêtres âgés ou infirmes du diocèse de Lyon ;

« Qu'elle sera administrée par un conseil nommé pour 3 ans, nommé par le suffrage du clergé à deux degrés.

« Le vote au 1er degré, au chef-lieu de canton, par tous les prêtres du canton, à l'effet de nommer deux délégués. Le vote au 2me degré, au chef-lieu d'arrondissement, par les délégués de chaque canton, à l'effet de nommer trois membres qui devront faire partie du conseil d'administration.

« Le Conseil sera présidé par l'Archevêque.

« Le Conseil désignera trois membres qui formeront la commission exécutive, avec l'un des trois pour président. Le Conseil sera ainsi composé de trois membres par arrondissement, au total quinze, qui se réuniront deux fois par an.

« La commission exécutive se réunira chaque trimestre. Les ressources de la caisse se composent des arrérages de rentes appartenant déjà à la caisse ; — des souscriptions volontaires des fidèles et du clergé ; — des biens qu'elle a été ou pourra être autorisée à recevoir ; — enfin du produit du sixième, au plus, prélevé sur la location des bancs, chaises et places dans les églises. »

Voilà en résumé ce qu'annonçait le Cardinal dans sa circulaire du 20 juillet 1883. Il ajoute que le décret autorisant le prélèvement du sixième des chaises sera adouci par le Conseil d'administration, dans un degré qu'il ne peut encore déterminer.

*
* *

Dans une autre circulaire du 25 du même mois, Mgr le Cardinal prescrit la forme des élections, conformément au décret du 30 avril.

Les élections ont lieu, et le conseil d'administration nommé se réunit, sous la présidence de l'Archevêque et nomme les trois membres de la commission exécutive :

MM. Coudour, curé de Notre-Dame-Saint-Vincent, président,
  Gouthe-Soulard, curé de Saint-Pierre-de-Vaise.
  Chatain, curé de l'Arbresle.

Enfin, le 9 mars 1884, Monseigneur adresse à son clergé une circulaire pour lui annoncer que toute cette affaire est définitivement réglée.

1° La caisse de secours est réorganisée, conformément au décret du 30 avril 1883.

2° Il adresse en même temps le règlement de la caisse approuvé par le ministre, de sorte que désormais le décret et le règlement formeront la législation spéciale de la caisse de secours. Ce règlement est composé de quatre titres : but de la caisse, revenus de la caisse, administration par le conseil et la commission, droit au secours de la caisse.

3° Le conseil d'administration est constitué et s'est déjà réuni sous sa présidence.

4° Il expose, et c'est la question principale, que le conseil est obligé de mettre en vigueur, en le modifiant, le décret du 13 thermidor an XIII ou 1805, décret renouvelé le 30 avril 1883, relativement au sixième du produit des chaises.

Mais au lieu du sixième, réglé par le décret, on n'exigera que le vingt-troisième du produit, c'est-à-dire le 3 %.

Cette mesure, déclare le Cardinal, est nécessaire pour le fonctionnement de la caisse, et les fabriques ne pourront s'en plaindre, car le prélèvement est réduit au minimum. Aussi n'admettra-t-on aucune exception. Messieurs les Curés sont invités à favoriser de tout leur pouvoir cette mesure prise dans l'intérêt de tout le clergé.

Nous avons jugé à propos, ajoute Monseigneur, de maintenir en même temps la souscription annuelle, souscription chère au clergé, en faveur de l'hospice de Vernaison.

Il est à noter que ce n'est pas seulement en faveur de

Vernaison que fonctionnera désormais le conseil d'administration. Loin de là, les prêtres âgés ou infirmes auront toujours pleine liberté pour fixer leur résidence où il leur plaira, et le conseil accordera également, dans la mesure de ses moyens, les secours qu'il jugera nécessaires.

*
* *

Cette organisation nouvelle fut une révolution pour Vernaison. Jusque-là, l'administration avait appartenu à l'Archevêque seul, aidé d'un de ses vicaires généraux, vice-président de la caisse, ainsi que du supérieur de la maison. Le Cardinal de Bonald avait toujours administré par lui-même, et, comme en bon père de famille, il se faisait rendre compte des moindres détails. Les archevêques successeurs s'en occupaient moins directement et s'en rapportaient à M. Pagnon, vicaire général, et au supérieur de la maison.

Mais désormais la caisse de secours est gérée effectivement par un conseil élu, et subsidiairement par la commission exécutive nommée par le conseil lui-même. Il est vrai que l'Archevêque reste toujours président et par là-même souverain.

Un secrétaire-trésorier, nommé par le conseil et agréé par le ministre des cultes, est chargé des comptes de l'établissement, du payement des mandats, de la perception des revenus et de la convocation des membres du conseil. Il représente la caisse en justice et dans les actes de la vie civile. C'est lui qui est le dépositaire, non seulement des fonds de la caisse, mais encore des archives et des registres des délibérations.

En conséquence, la caisse, les titres, les papiers et les archives furent enlevés à Vernaison, et transportés à l'Archevêché dans les bureaux du trésorier-payeur.

Le Supérieur de Vernaison soumet chaque trimestre ses comptes à la vérification de la commission exécutive et pour toutes les mesures importantes il doit recourir au conseil d'administration.

C'était un changement notable et qui ne fit guère plaisir à M. Brun, Supérieur du moment, mais on doit reconnaître que cette mesure est très heureuse, et qu'elle est une garantie pour l'avenir de la caisse de secours.

Les débuts de cette nouvelle administration furent laborieux : le trésor n'était pas riche et on avait besoin de fonds. M. Brun, afin de venir en aide, donna sur sa fortune personnelle vingt mille francs sans intérêt aussi longtemps qu'il serait supérieur, mais se réservant l'intérêt dans le cas où il ne serait plus en fonctions, ce qui arriva en 1892, alors qu'il donna sa démission.

*
* *

Les membres de la Commission exécutive, directement chargés des intérêts de la maison, montrèrent un zèle digne d'éloges. M. Coudour, président, et M. Gouthe-Soulard, aujourd'hui Archevêque d'Aix, s'occupèrent activement de l'administration, corrigèrent certains abus et firent dans la propriété d'importantes améliorations. On opéra des réparations urgentes dans les égouts; on corrigea les défauts de construction et d'installation du lavoir, et afin d'être agréable au nouvel archevêque on fit le curage complet du grand étang.

Mgr Gouthe-Soulard était devenu Archevêque d'Aix, et M. Coudour s'occupait toujours activement de l'œuvre de Vernaison, lorsqu'il fut enlevé par la mort la plus triste dans l'épouvantable catastrophe de Saint-Gervais (Savoie).

On sait que par une belle nuit d'été, le 12 juillet 1892,

un lac caché dans les flancs d'une haute montagne rompit tout à coup ses digues, se précipita sur le village de Saint-Gervais et engloutit tout ce qu'il rencontra sur son passage. M. Coudour, ainsi que les habitants de l'hôtel plongés dans le sommeil, se trouvèrent submergés par ces eaux bourbeuses et entraînés avec les débris de l'hôtel au loin sur le rivage où l'on recueillit leurs cadavres.

Par un prodige miraculeux, l'excellent curé de Saint-Vincent fut retrouvé à plusieurs kilomètres de distance, vivant encore. Il put parler et recevoir en pleine connaissance les Sacrements de l'Eglise, mais, hélas, il avait le corps tellement meurtri qu'il ne survécut que quelques heures à son miraculeux sauvetage. Il mourut en remerciant Dieu de lui avoir procuré la grâce insigne des Sacrements.

Le nom de ce prêtre dévoué est à juste titre inscrit sur le tableau des Bienfaiteurs de Vernaison.

*
* *

Pendant cette période de temps, le diocèse avait eu la douleur de perdre le bon M. Pagnon, vicaire général depuis trente ans, sous trois archevêques différents. Mais, la maison de Vernaison ressentit plus vivement encore cette mort, car elle perdait en lui un de ses protecteurs les plus fidèles, les plus généreux, un ami de trente ans.

Depuis qu'il était grand vicaire, il avait administré en qualité de vice-président de la Commission, et le plus souvent tout seul, les affaires de l'établissement. Il s'était toujours préoccupé de lui créer des ressources, et, à cet effet, pendant longtemps, il donna chaque année le compte rendu détaillé et par canton, des offrandes du clergé. Qui pourrait dire combien, pour Vernaison, il fit de généreux sacrifices ?

Il y avait sa chambre, au n° 4, et y venait souvent. Il entrait, en arrivant, à la chapelle pour faire son adoration au Saint Sacrement, disait en passant devant la cuisine :

« Voilà Monsieur Pagnon », et allait ensuite s'asseoir à la table commune comme le dernier des pensionnaires. Parfois, il prenait à Vernaison quelques jours de repos, visitant les malades, encourageant les religieuses, donnant quelques conseils, se faisant tout à tous, y exerçant, en un mot, un vrai ministère.

Voilà le repos, presque l'unique, que s'accordait cet homme de Dieu, assidu sans relâche aux labeurs incessants d'une vaste administration.

La maison des prêtres lui doit beaucoup pour l'affection effective qu'il lui accorda jusqu'à son dernier jour. Il lui légua encore en mourant, le 25 octobre 1886, tout son vestiaire et une large part de son mobilier, deux lits, canapé, fauteuils, pendule, etc. Son nom est inscrit sur le tableau des Bienfaiteurs, et sa mémoire se perpétuera longtemps dans la Maison, longtemps on dira de lui : *Hic est fratrum amator et populi Israel* (II Mac., xv).

LE CARDINAL FOULON ET VERNAISON

Le Cardinal Caverot était mort le 23 janvier 1887, à l'âge de 81 ans, laissant dans le diocèse, et en particulier à Vernaison, un souvenir ineflaçable.

Mgr Foulon, Archevêque de Besançon, nommé par décret présidentiel du 16 avril, fut préconisé dans le Consistoire du 26 mai, et vint prendre possession de son siège le 12 du mois d'août 1887. Son installation, le 17 du même mois, quoique dépouillée de la pompe d'une solennité publique, revêtit, dans la cathédrale, le caractère d'une splendide fête de famille.

Le nouvel archevêque arriva, précédé d'une réputation bien méritée de bonté et de savoir, et sous les auspices les plus favorables. Il prit pour devise ces paroles si vraies chez lui : *In multâ patientiâ*.

Vernaison ne tarda pas à faire l'expérience de cette bonté. Dès sa première visite, Monseigneur se montra gracieux pour ses prêtres, et enchanté de cette belle campagne. Il parlait d'y faire de longs séjours, ainsi que de bonnes parties de pêche dans l'étang, récréation pour lui agréable et salutaire. On raconte qu'un jour voyant un petit poisson pris à l'hameçon, il fut tellement ravi qu'il s'en alla portant tout haut sa ligne, et au bout le poisson frétillant, jusqu'à la cuisine de son palais, afin de montrer sa capture.

Il fit poser à ses frais autour de l'étang une barrière en treillis, afin d'éviter les accidents, et la Commission fit les frais d'un curage complet.

Il avait aussi installé, dans le vestibule du 1er étage, un billard qui lui avait été donné, et c'est à ce jeu intéressant que, les jours de pluie, il venait prendre sa récréation et son délassement.

Malheureusement, l'état de sa santé, et aussi un malentendu regrettable, l'empêchèrent de faire désormais à Vernaison de longs séjours. Ils se contentait de venir de temps en temps partager le dîner de ses prêtres qu'il était loin d'oublier. Il disait au nouveau supérieur en le nommant à ce poste : « J'aime mes prêtres de Vernaison ; je désire qu'ils soient heureux dans cette maison, qu'ils s'y sanctifient et se préparent à bien mourir. C'est pourquoi je vous les recommande ; et désormais je les visiterai souvent, je vous le promets. » Il ajoutait : « Prenez également bien soin des religieuses infirmières ; leur œuvre est pénible et difficile : elles ont besoin d'être encouragées et soutenues. »

C'étaient là de belles paroles et de magnifiques promesses. Mais, hélas ! son passage sur le siège de Lyon fut de trop courte durée et ne lui permit pas de les tenir

*
* *

Pendant ce temps, au mois d'août 1888, le diocèse fit une perte sensible dans la personne de M. l'abbé Lafont, un des trois vicaires généraux que Mgr Foulon avait conservés de la précédente administration : MM. Lafont, Belmont et Déchelette.

M. Lajont était venu en 1866, encore jeune prêtre,

faire une convalescence à Vernaison, et en avait conservé un souvenir précieux et durable. C'est pourquoi, lorsqu'il fut vicaire général, il devait, avec sa nature sensible, ne pas l'oublier. Aussi aimait-il à visiter la maison, et montrait-il là, ainsi qu'on l'a dit, « son respect religieux pour ses frères dans le sacerdoce et sa vénération affectueuse pour les anciens du Sanctuaire ». La maison perdit en lui un appui et un ami dévoué.

*
* *

M. Brun ne pouvait plus, à cause de son grand âge et de ses infirmités, suffire à l'administration de Vernaison, en conséquence le Cardinal s'occupa de lui trouver un successeur. Son choix tomba sur M. l'abbé Barbier, curé de Saint-Clair à Lyon. M. Barbier n'accepta ces fonctions qu'avec une grande répugnance, et, malgré les bonnes paroles et la dignité de chanoine dont l'honorait Son Eminence, ce fut de sa part un acte d'obéissance bien méritoire. Mais telle était la volonté de Dieu! et il trouva plus tard à Vernaison des consolations qu'il était loin d'espérer.

Il fut installé solennellement le 21 novembre 1892, par M. Belmont, vicaire général, et plus tard évêque de Clermont, entouré de M. Routier, nouveau président de la Commission exécutive, de M. Chabannes, membre de la Commission, et de quelques-uns de ses amis. Ce qu'il retint, pour ne l'oublier jamais, des belles paroles du prélat installateur, ce fut ce passage : « Vous aimez les prêtres et vous en êtes aimé... Dieu bénira votre ministère ! » Oh! ces bonnes paroles ont adouci pour lui bien des peines, et ont souvent soutenu son courage défaillant.

M. Barbier trouva dans la maison, à son arrivée, de

nombreux amis : Mgr Dubuis, le sympathique évêque de Galveston, pensionnaire à Vernaison ; M. l'abbé Lafay, ami de vieille date et comme lui, ancien vicaire de Saint-Polycarpe : M. Mille ancien économe des Minimes ; M. Vial, ancien vicaire de Saint-Bonaventure ; etc. Disons plutôt qu'il n'y trouva que des amis, des prêtres avec lesquels, il devait couler les plus heureux jours.

Ce qui lui fut aussi grandement agréable et avantageux, ce fut le dévoûment des bonnes religieuses de la maison, dévoûment précieux et qui ne s'est jamais démenti. Elles étaient alors douze, mais il fallut bientôt demander des aides et en avoir seize, à cause du nombre toujours croissant des pensionnaires et de l'augmentation des fonctions.

Pendant ce temps, Mgr le Cardinal s'affaiblissait de plus en plus, et le diocèse eut la douleur de le perdre le 24 janvier 1893 à l'âge de soixante-dix ans, avant qu'il eût pu tenir la bonne promesse qu'il avait faite de venir souvent à Vernaison et d'y faire de longs et agréables séjours.

Il avait occupé brillamment le siège primatial de Lyon, mais ne l'avait occupé que cinq ans et demi.

LE CARDINAL COULLIÉ ET VERNAISON

Mgr Coullié, disciple de Mgr Dupanloup, choisi par lui pour son coadjuteur et ensuite son successeur à l'évêché d'Orléans, fut préconisé Archevêque de Lyon dans le consistoire du 15 juin 1893.

Le 15 août, il adressa à ses nouveaux diocésains son mandement de prise de possession, ce mandement si sympathique, qui fut reçu avec un si grand bonheur, dans lequel il annonce que sa devise est : « *Obedientia et dilectio* ». Cette devise, qui était celle du petit séminaire où il avait fait ses études, sous la direction de Mgr Dupanloup, il en fit la sienne, à la grande satisfaction de son maître, et il saura la réaliser à Lyon, ainsi qu'il l'avait réalisée à Orléans. *Obedientia et dilectio* : cette belle devise explique et résume toute la carrière épiscopale de notre nouvel Archevêque.

Il fut installé solennellement dans sa cathédrale le 14 septembre 1893. Et voulant témoigner aux invalides du sacerdoce, ses sentiments particuliers d'affection, il donna à Vernaison une de ses premières visites. Ce fut pour la maison un heureux jour : Monsieur le Supérieur lui souhaita la bienvenue, et Monseigneur y répondit par des paroles charmantes, qui pénétrèrent jusqu'au fond des âmes. Il n'oublia personne, ni pensionnaires, ni religieuses, et surtout il n'oublia aucun des infirmes et des malades. Ainsi qu'autrefois le divin Maître, il s'était entouré des aveugles et des infirmes, et il eut une bonne visite et une parole de consolation pour tous ceux que la maladie tenait cloués dans leur lit. Il produisit, dans cette première visite, une impression si favorable et si profonde, qu'à son départ tout le monde s'écria : C'est un nouveau saint François de Sales !

Cet heureux présage n'a pas été démenti par les faits subséquents. Pendant la belle saison, et souvent aussi en d'autres époques, il vient se mêler à ses prêtres, s'asseoir simplement à leur table, assister à leurs cérémonies, leurs prières ou leurs saluts, donner le sujet d'oraison ou quelque gracieuse allocution de circonstance, et ne se retire qu'après les avoir tous enchantés. Bien loin de s'isoler, Mgr Coullié recommande à ses prêtres de ne pas craindre de diriger leurs promenades de son côté et de les pousser jusqu'à son palais, car il est toujours heureux de les rencontrer.

Lorsqu'il reçoit des visiteurs intéressants, ce qui arrive souvent, il ne manque pas de les amener chez ses prêtres dans l'intention de leur être agréable. C'est ainsi qu'il leur a été donné de voir des personnages éminents comme le Garde-Noble, Comte romain, qui apporta la calotte cardinalice ; Mgr Bouvier, le sympathique Evêque de la Tarentaise ; Mgr Hautin, Archevêque de Chambéry, l'ami intime de notre Cardinal, le Cardinal Perraud, Evêque d'Autun, l'éloquent académicien, qui lui donna une instruction magnifique sur le mérite de la souffrance.

*
* *

Et dans ses lettres, quelle tendre sollicitude Monseigneur ne montre-t-il pas pour ses prêtres âgés et infirmes ! Ainsi il écrit au Supérieur de la Maison :

Le 18 janvier 1895.

« Cher et Vénéré Supérieur,

« Si le temps le permet, je serai le 29 janvier à 10 heures au milieu de mes bons prêtres pour assister à la Grand'Messe, et je resterai à déjeuner.

« En attendant, affectueux souvenir et bénédiction paternelle au cher Supérieur et à ses vénérés pensionnaires.

« † Pierre, Arch. de Lyon. »

En 1896, il partit fatigué de Vernaison, pour la Normandie où il se rendait pour rétablir sa précieuse santé ; ce n'est pas sans inquiétude que ses prêtres le virent entreprendre en cet état un si long voyage. C'est pourquoi, dès son arrivée, Monseigneur leur envoie, pour les rassurer, ce petit mot gracieux :

17 août, Aunoy, par Essai (Orne).

« A mon cher Supérieur, à mes bien-aimés prêtres qui souffrent, le plus affectueux souvenir et la plus paternelle bénédiction.

« † Pierre, Arch. de Lyon, qui commence à revivre. »

Il écrit le 27 janvier 1897.

« Cher Monsieur le Supérieur,

« J'espérais, fidèle aux bonnes traditions, aller à Vernaison fêter saint François de Sales, au milieu de mes bons prêtres, et voilà que la maladie d'une part et la neige d'autre part, me condamnent à la réclusion. J'ai dû dire : *fiat*, et joindre ce sacrifice à ceux que le Bon Dieu m'a demandés depuis trois semaines. Je puis au moins me dédommager un peu en vous adressant, pour vous et pour tous ces Messieurs mes souhaits de bonne fête. L'aimable saint François de Sales souriait à tout ce que la bonne Providence plaçait sur sa route, que ce fût agréable ou non, et son amour filial bénissait le Père des cieux, qui en réalité dispose tout pour le bien de ses enfants. Imitons notre Saint Patron. Oui, il y a dans nos épreuves et dans les contretemps une douceur paternelle qui peut, comme la douce amande, être revêtue d'une écorce piquante, mais qui apporte à notre âme un bienfait qui fortifie et qui console.

« Donc chantons :

Benedicite glacies et nives Domino;
Benedicite sacerdotes Domini Domino.

« Vendredi matin, j'offrirai le Saint Sacrifice très spécialement pour mes fils très aimés de Vernaison. Je leur demande en retour une prière dont j'ai le plus grand besoin.

« Dans cette union de foi et d'affection, saint François de Sales reconnaîtra sa famille et la bénira.

« C'est le vœu de mon respectueux et paternel dévouement.

« † PIERRE, Arch. de Lyon. »

Une dernière preuve de cette affection, et qui n'est pas la moins concluante : Le 25 mars 1898, à Rome, pendant les solennités du cardinalat, où il brilla d'un si vif éclat, le nouveau Cardinal s'arracha un instant aux fêtes magnifiques, afin d'écrire à ses vieux prêtres de Vernaison :

« Rome, 25 mars.

« Cher Monsieur le Supérieur.

« Puis-je oublier, en cette grande semaine, la famille sacerdotale de Vernaison ? Ce n'est pas possible. J'ai si grande confiance dans les souffrances et les prières de mes frères infirmes, que je leur attribue les grâces qui m'ont permis de résister aux fatigues et aux émotions de ces fonctions si solennelles. Dites-leur, à ces amis vénérés et tendrement aimés le *merci* de ma reconnaissance. Que leur charité ne se lasse pas, qu'elle me soutienne, car je me sens brisé, et cependant, je voudrais travailler encore pour la sainte Eglise, pour notre cher diocèse, pour le salut des âmes.

« En attendant les joies du revoir, agréez, cher Monsieur le Supérieur, pour vous, pour vos prêtres, pour les religieuses, pour les serviteurs, une bénédiction puisée au plus intime du cœur de Léon XIII.

« † P. Card. Coullié, Arch. de Lyon. »

*
* *

Parmi les pensionnaires de Vernaison, il y en avait un surtout qui était pour notre bon Archevêque l'objet d'une attention particulière, *d'une affectueuse vénération*, a-t-il écrit lui-même ; c'était Mgr Dubuis, ancien Evêque de Galveston (Texas) qui, par suite de ses pénibles travaux, était rentré en France, puis à Vernaison, criblé de douleurs et d'infirmités.

Notre Archevêque admirait le vieil athlète de la foi, il se plaisait à lui faire raconter ses aventures d'Amérique. A cette occasion, il me revient en mémoire une histoire assez amusante : Un jour qu'en l'honneur du

Cardinal Perraud, Mgr l'Archevêque avait invité à sa table Mgr Dubuis, il lui posa, pendant le dîner, plusieurs questions et l'engagea à reproduire le cri du chat-tigre, que l'ancien évêque du Texas imitait, paraît-il, assez bien. Or, il arriva qu'à ce cri strident et effrayant poussé par Mgr Dubuis, les domestiques de l'Archevêché, croyant à un accident, accoururent effarés à la porte de la salle. Le Cardinal Perraud fut tellement amusé par cette aventure, que lui, l'académicien grave et sérieux que l'on sait, a ri aux larmes et comme on ne l'avait jamais vu rire ; il a plusieurs fois réclamé le cri du chat-tigre.

Lorsque le vieil et saint Evêque missionnaire a été atteint de la maladie qui devait l'emmener, Monseigneur l'Archevêque est venu souvent le visiter, et quand il ne pouvait venir, il demandait à chaque instant de ses nouvelles avec le plus vif intérêt. Ainsi :

« Lyon, le Vendredi Saint 1895.

« Cher Monsieur le Supérieur,

« Je vous remercie des nouvelles que vous me donnez sur la santé de notre cher et vénéré Evêque. J'ai cherché en vain le moment d'aller le voir, et me voilà à mon tour obligé de garder la chambre aujourd'hui pour ne pas compromettre le jour de Pâques. Je suis pris par ma malheureuse gorge.

« Dites au cher Evêque mon respectueux et fraternel souvenir. Priez pour moi, et en retour j'appelle sur vous et sur mes chers infirmes les meilleures bénédictions de Dieu.

« † PIERRE, arch. de Lyon. »

Quelque temps après, il écrit encore pendant une tournée de confirmation.

« Boën, 5 mai.

« Mon cher Supérieur,

« Votre si bon cœur a deviné le mien en m'envoyant des nouvelles de nos chers et vénérés malades. La pensée de Mgr Dubuis ne me quitte pas. Je serais si heureux de conserver au diocèse un évêque dont l'exemple est une prédication si éloquente de foi, de charité et d'obéissance ?

« Dites-lui mon affectueuse vénération.

« Priez pour votre Archevêque perdu dans les montagnes sans être montagnard, et croyez, mon cher Supérieur à ma respectueuse affection.

« † Pierre, Arch. de Lyon. »

Enfin, à la mort du saint Evêque, Mgr l'Archevêque montra toute l'affection qu'il avait pour lui, dans la circulaire qu'il adressa à cette occasion, à son clergé :

« Saint-Etienne, le 23 mai 1895.

Messieurs et chers Coopérateurs,

« Une douloureuse nouvelle nous est parvenue au cours de notre visite pastorale : Mgr Dubuis, ancien Evêque de Galveston, vient de succomber à la maladie qui, depuis plusieurs semaines, avait mis sa vie en danger.

« Ce vénéré prélat occupait une place trop grande dans notre cher diocèse pour que nous ne vous invitions pas à partager notre deuil et à unir vos prières aux nôtres pour le repos de son âme.

« Mgr Dubuis nous appartenait par sa naissance, par

son éducation ecclésiastique et par son ordination sacerdotale. »

Suit un abrégé historique de la vie du vaillant prélat.

« A notre arrivée parmi vous, nous trouvâmes Mgr Dubuis à Vernaison, dans la maison de Saint-François-de-Sales. C'est là, que nous aimions à le rencontrer et à l'entourer de notre affectueuse vénération, quand il nous était permis de visiter cette chère famille de nos vétérans du sacerdoce.....

Monseigneur termina sa circulaire en annonçant pour le 10 juin, dans l'Eglise primatiale un service pour le cher défunt; auquel service il convoqua son clergé en ajoutant :

« Nous acquitterons ainsi la dette de reconnaissance que nous avons contractée envers lui. »

Est-il possible de trouver une affection mieux comprise, mieux sentie et mieux exprimée ?

Telle est l'affection de notre cher Cardinal pour les infirmes et les *Vétérans du sacerdoce!* C'est un culte, le culte de la souffrance; culte nouveau peut-être, mais bien consolant pour ceux qui souffrent. Et c'est en lettres d'or que les invalides de l'autel écriront ces paroles du chef de notre famille sacerdotale : « *J'ai une grande confiance aux souffrances de mes frères infirmes.* »

Ensuite, joignant les actes aux sentiments, il se montre généreux pour ses prêtres; il désire qu'ils soient heureux, et il est ravi de les voir bien traités. Chaque année, à la fin de sa villégiature, il laisse pour eux une généreuse aumône.

**

Le défunt Cardinal Foulon avait dit au nouveau Supérieur, en l'envoyant à Vernaison : Je veux vous donner un dernier conseil, un conseil que, dans une circonstance, m'avait donné à moi-même Mgr Darboy : « La première année, mettez vos mains dans vos poches, observez tout et ne dites rien. La seconde année, vous sortirez vos mains de vos poches et vous aurez vos franches coudées. »

Après un an d'observation, selon le conseil du Cardinal, le Supérieur jugea à propos de congédier le concierge laïque, et de mettre à la place des religieuses ; cela semblait mieux convenir à un établissement ecclésiastique. C'était d'ailleurs un contrôle nécessaire, mais pour qu'il fût efficace, il importait de n'avoir qu'une seule porte d'entrée ; il fit en conséquence condamner deux autres portes. Dès ce jour, la correspondance fut déposée à la conciergerie, et le facteur, sauf les cas exceptionnels ne monta plus dans la chambre des prêtres.

Il y eut aussi de nombreux changements dans la domesticité.

L'établissement, après cinquante ans d'existence, avait vieilli, et réclamait des réparations importantes. On commença par la toiture qui fut toute restaurée ; et les têtes de cheminées furent toutes reconstruites. Ces frais ainsi que ceux faits à la conciergerie et aux murs du clos, furent supportés par la caisse de la maison.

Une importante amélioration fut opérée dans la maison, en 1893, par l'érection dans le vestibule d'un phare monumental, qui suffit à réchauffer tous les étages, il y fait régner en hiver un printemps perpétuel. Messieurs les prêtres en firent les frais, et ils ont à cœur, tellement ils sont satisfaits, d'en fournir l'entretien annuel.

Les planchers des chambres, des corridors et des vestibules, ayant été exécutés précipitamment et en planches d'un sapin trop vert, ont grand besoin d'être remplacés.

Un grand nombre de prêtres ont déjà fait établir à leurs frais, en chêne ou en pitch-pin, les parquets de leurs chambres ; et, grâce à un don généreux, on vient de placer, en chêne, ceux du corridor et du vestibule du 1er étage. Ces bons exemples seront suivis, il faut l'espérer, car il est urgent de renouveler tous les parquets.

En 1893, M. l'abbé Matricon fit poser à ses frais les persiennes du vestibule du 2e étage. M. Brun avait précédemment fait installer, moyennant un don de six mille francs qui lui avait été fait, la plus grande partie de celles du midi ; et c'est M. l'abbé Granjon, ancien curé de Rochetaillé, qui paya celles du côté nord.

La salle du billard était délabrée, trop grande et trop froide ; en 1898, elle fut partagée en deux. D'un côté on fit un petit parloir bien nécessaire, et un gracieux salon ; tandis que la salle elle-même, bien réparée et bien ornée, est devenue, grâce à ce changement, beaucoup plus belle et surtout plus agréable. La grosse poutre, qui supporte une très lourde charge à cause des doubles briquetages du 1er étage et d'un autre du 2e qui reposent dessus, fut armée d'une ferrure qui la met à l'abri de tout affaissement et de toute trépidation. Les frais environ 1.600 fr., furent fournis par M. le Supérieur et ceux de l'ameublement par quelques uns de Messieurs les prêtres. Nous pourrions encore noter le téléphone, dont la nécessité se faisait sentir, pour correspondre avec la conciergerie et avec l'archevêché. Les frais en furent couverts par un don généreux ; ils s'élevèrent à près de huit cents francs.

Un superbe drap de mort, chape, étole, etc., dons de quelques-uns des pensionnaires ; plusieurs ornements pour les chapelles, également dons des prêtres. L'ornement blanc, brodé or, est un don fait à Monsieur le Supérieur.

Il s'était formé dans la maison une société d'artistes, composée de quelques jeunes prêtres qui ont rendu de vrais services en réparant les vieux meubles ; le mobilier des chambres, chaises, fauteuils, canapés, etc., laissés par les anciens pensionnaires, et hors d'usage, ont été restaurés de manière à former un ameublement magnifique.

Il y a actuellement en projet une réparation et une amélioration importantes, les devis en ont déjà été dressés. C'est d'abord le crépissage à nouveau de l'établissement, en remplacement de l'ancien, vieux de quarante ans et bien détérioré, aux frais de la caisse de la maison.

C'est, de plus, l'établissement, devant le grand corps de bâtiment, d'un gracieux trottoir de 60 mètres de long sur 3 de large, avec une marquise ou véranda en fer forgé. M. le Supérieur se charge d'en couvrir les frais.

D'autre part, la propriété est en très bon état : les vignes, reconstituées partiellement chaque année par les domestiques, donnent aujourd'hui de belles récoltes, et la maison fait du vin pour son usage et même au delà du nécessaire. Les jardins soigneusement cultivés produisent en abondance des légumes et des fruits de première qualité. Les prairies bien entretenues donnent du fourrage pour nourrir sept ou huit belles vaches laitières. C'est chose nécessaire aujourd'hui que la médecine traite tout au lait, et qu'il en faut par conséquent une très grande quantité.

*
* *

L'établissement, qui est habituellement au complet, se trouve dans un état de prospérité. Il ne reste qu'à l'entretenir, et ceci est confié à la générosité du clergé.

Voici, d'après le dernier compte-rendu de M. le Chancelier, la situation financière ordinaire de la caisse de secours :

RECETTES

1° Reliquat des recettes de 1893 .... fr.	583 05
2° Redevances des Fabriques..................	26.556 »
3° Souscription du clergé	4.672 40
Revenus sur l'Etat	
Pensions des prêtres retirés à Vernaison	
Produits non consommés de la propriété	24.431 65
Dons, recettes diverses	
Total.................. fr.	56.243 10

DÉPENSES

1° { Frais d'entretien de l'hospice de Vernaison. Secours à domicile à 40 ecclésiastiques :.... }	53.264 50
2° Droit de garde à la Société lyonnaise...... ..	38 30
Total.............. .... fr.	55.302 80
Excédent des recettes à la clôture de l'exercice. fr.	940 30
	56.243 10

*
* *

Notre bon Cardinal avait dit un jour : « Ce n'est pas tout de fonder une maison de retraite, il faut encore la faire aimer ! » Eh bien, je crois qu'il voit son pieux désir réalisé dans son diocèse. Les prêtres aiment la maison de Saint-François-de-Sales; ils font volontiers des dons à l'établissement, et au besoin ils viennent y résider sans peine et même avec bonheur.

Le régime, personne ne l'ignore, y est excellent, et chacun, selon les besoins de son estomac, y trouve l'abondance et même le superflu.

L'existence n'y est pas, comme on pourrait se le figurer, triste et monotone; elle y est, au contraire, très agréable. On a pour société tous ces prêtres, distingués pour la plupart, et rapportant du monde où ils ont vécu l'expérience et la finesse des prêtres savants, studieux, et dont la conversation n'est jamais banale.

Ces bons prêtres, soit qu'ils discutent sur les terrasses, en péripatéticiens, des questions de politique ou de théologie, soit que, le bréviaire ou le chapelet à la main, ils se promènent sur les bords de l'étang, sous les ombrages touffus des platanes séculaires, portent empreint sur le visage un rayonnement de paix intérieure et de bonheur intime.

Parfois, les beaux jours, on aperçoit un infirme monté sur une petite voiture, attelée de Lisette (un bijou d'ânesse), qui s'en va, riant et heureux, respirer l'air pur du grand bois. Un jeune prêtre paralysé n'avait pu, de dix ans, sortir de sa chambre; quelle joie ne ressentit-il pas le jour que, quelques amis lui ayant fait cadeau de cet attelage, il put faire de longues promenades et contempler la belle nature que depuis si longtemps il ne voyait que de loin, à travers sa fenêtre !

Tout cela est assaisonné dans la charité chrétienne. Ces prêtres qui, pendant leur carrière sacerdotale, ont pratiqué à un haut degré les vertus chrétiennes, apportent ordinairement dans la maison de Saint-François-de-Sales une charité éprouvée, charité qui se manifeste par une grande condescendance et une patience inaltérable.

Les vieillards et les infirmes trouvent toujours, dans le grand vestibule ou chez leurs voisins, des visages gracieux et riants. Et il n'est pas rare de voir, auprès du lit d'un infirme, un cercle de joueurs qui viennent là pour charmer sa douleur et l'égayer par de joyeux éclats de rires. Infirmes, vieillards et aveugles, joueurs et spectateurs, tous se mêlent admirablement au mouvement.

Mais la charité, elle est surtout chez ces anges gardiens, ces bonnes sœurs Saint-Joseph, les infirmières des prêtres. Qui pourra jamais exprimer le dévouement, l'habileté, les attentions de ces excellentes filles auprès des pensionnaires. Elles remplissent elles-mêmes les fonctions les plus rebutantes, elles supportent sans s'émouvoir la mauvaise humeur et les reproches; elles passent les nuits auprès de leurs malades sans jamais laisser échapper une seule plainte. On les a vues, par esprit de foi, se prosterner à genoux, pour panser un ulcère, pour bander une plaie, en se disant intérieurement : C'est un prêtre de Jésus-Christ que j'ai l'honneur de soulager.

*
* *

S'il fait bon vivre dans la maison de Saint-François-de-Sales, il fait bon surtout d'y mourir. Oui, parce que l'on s'y prépare à la mort, et parce que, aux derniers moments, on est bien entouré. On s'y prépare à la mort par une vie édifiante. Dans le ministère, on a été trop occupé, trop distrait, trop mondain peut-être ; à Vernaison, on se retourne vers Dieu, vers le surnaturel. Tout y porte d'ailleurs; le règlement, les bons exemples, la prière en commun, l'oraison, et la Sainte Messe que l'on se sert pieusement les uns aux autres, tout porte à Dieu. D'ailleurs, hélas ! pour le plus grand nombre de ces prêtres, il n'y a plus que le *unum necessarium*.

Les derniers moments d'un prêtre, homme de foi, homme de Dieu, sont toujours très édifiants; mais ils le sont surtout à Vernaison parce que là le prêtre est au milieu de sa famille et qu'il est visité et soutenu par ses frères. A ce sujet, je me rappelle les belles paroles d'un prêtre, jeune encore, qui, après une courte absence, revenait dangereusement malade dans la maison : « Je viens, disait-il, mourir ici, car je veux mourir au milieu de mes frères, les prêtres. » Mgr Dubuis, le vieux, l'intrépide missionnaire du Texas, remerciait Dieu, avant de rendre le dernier soupir, de le faire mourir au milieu des prêtres. Il disait au Supérieur : « Aimez bien cette maison, qui est destinée à faire tant de bien. »

A chaque décès, tous les prêtres de la maison acquitent gratuitement pour le défunt la première messe qu'il leur est possible de dire. C'est un pieux usage auquel on tient beaucoup et dont on s'acquitte avec bonheur, en prétendant que c'est un bon placement.

L'office d'enterrement est célébré dans la chapelle, avec de beaux décors et de splendides ornements, et s'il est moins majestueux que dans les cathédrales, il n'en est peut-être que plus édifiant. Il est célébré par les prêtres mêmes de la maison, qui, en cette circonstance, remplissent volontiers les diverses fonctions de porte-croix, d'acolytes, de chantres; ceci à la grande édification des assistants, qui voient là la vraie fraternité.

Tous les samedis de l'année on dit une messe pour les Bienfaiteurs. Les Bienfaiteurs, ce sont tous les prêtres du diocèse, mais surtout ceux dont le nom est inscrit en lettres d'or, sur le tableau d'honneur, et en tête celui de Mgr le Cardinal de Bonald.

N'ayant pu trouver la liste complète des premiers souscripteurs au moment de la fondation, nous en sommes réduits à nous contenter de ces noms; mais pour tous on prie officiellement chaque jour.

Les bonnes religieuses de la maison vont le dimanche accomplir un pèlerinage au champ du repos, et faire visite à leurs tombes chéries. Il n'est pas rare de voir les prêtres prendre le même chemin pour visiter les amis défunts qu'ici on n'oublie jamais. Quelquefois on aperçoit un vieillard monter péniblement au haut de la propriété, au-dessus des bois; et là, assis sur un banc rustique, son bréviaire et son chapelet à la main, ce prêtre se recueille. Son regard plonge dans le cimetière qui est à ses pieds ; à quoi pense-t-il? Il pense à ses amis qui reposent là-bas ; il pense à tel ou tel ; il regarde la place qui lui est réservée à lui-même, et il prie : cette prière, le ciel doit l'écouter !

Maintenant, m'adressant au clergé du diocèse, et spécialement aux Bienfaiteurs, je leur dis : Voilà Vernaison ! Voilà la Maison de Saint-François-de-Sales telle que l'ont faite vos devanciers, telle que la font vos générosités. Aimez cette Maison qui est non seulement votre œuvre, mais encore votre gloire !

Si ceux que vous avez délégués pour veiller à ses intérêts peuvent, en se dévouant à leur tâche, rendre quelques services à leurs frères dans le sacerdoce, à des prêtres de Jésus-Christ, ils seront largement récompensés.

FONDATEURS ET BIENFAITEURS DE LA MAISON DE RETRAITE

Son Éminence le cardinal de Bonald.
Tout le clergé du diocèse de cette époque.
MM. Courbon, vicaire général.
Baron, vicaire général.
Dutreuil, chanoine titulaire de la Primatiale.
Chazal, ancien curé de Thizy.
Menaide, curé de Saint-Nizier, à Lyon.
Giroud, curé de Saint-Eucher, à Lyon, supérieur.
Hosting, aumônier des religieuses de la Sainte-Famille.
Clément, curé de Létigneux.
Massard, curé de Villard.
Bon Aimé, vicaire de Saint-Polycarpe.
Devis, curé de Charly.
Thomas, curé de Morancé.
Menaide, troisième supérieur de la maison.
Rozier, curé de la Primatiale.
Rigaud, aumônier des religieuses de Vernaison.
Chervier, ancien curé de Saint-Hilaire.
Bussière, anc. curé de Saint-Bonnet-les-Bruyères.
Viricel, curé de Saint-Paul-en-Jarez.
Privat, curé de Saint-Irénée, à Lyon.
Dartigues, curé de Sainte-Blandine, à Lyon.

MM. Cherbonnières, chanoine honoraire, aumônier de la Visitation.

Gazel, curé du Chambon.

Perrin, curé d'Irigny.

Goure, curé de Saint-Symphorien-sur-Coise.

Arod, prêtre assistant à Montaud (Saint-Etienne).

Castel, vicaire général.

Barricand, chanoine honoraire, doyen de la faculté de théologie.

Fromont, curé de Parcieux (Belley).

Bernard, curé de Taluyers.

Mmes de la Barmondière.

Merlinos.

Lévi.

Baboin de la Barollière.

Gaillard.

MM. Allibert, chanoine doyen, secrétaire de l'archevêché.

Janvier, curé de Saint-Julien-en-Jarez.

Gomot, curé de Saint-Pierre, à Moulins (Allier).

Combe, chanoine titulaire de la Primatiale.

Desorzy, prêtre retiré à Lyon.

Revereux, chapelain de la Primatiale.

Alirod, prêtre assistant à Saint-Pierre, à Lyon.

Mey, ancien curé de Saint-Jean (Bonnefonds).

le baron de Rochetaillée.

Boué, curé d'Ainay, à Lyon.

Bruxelles, ancien curé de Chazelles-sur-Lyon.

Mgr Ginoulhiac, archevêque de Lyon.

Brun, chanoine honoraire, quatrième supérieur.

Vincent, curé de Vaise, à Lyon.

Vacanès, ancien curé de Saint-Germain-au-Mont-d'Or.

Lacroix, aumônier de l'Antiquaille, à Lyon.

MM. Poyet, aumônier de l'hôpital, à Saint-Etienne.
Roussier, aumônier de la Charité, à Saint-Etienne.
Neyron, ancien curé de Fontaine-Saint-Martin.
Peyrot, ancien aumonier de la Visitation, à Saint-Etienne.
Chapuy, chanoine honoraire, curé de Saint-Louis de la Guillotière.
Jayol, curé de Saint-Just-sur-Loire.
Vaganay, curé de Noirétable.
Delorme, curé de Givors.
Lasserve, vicaire de Saint-Nizier, à Lyon.
Peytel, aumônier de Sainte-Elisabeth, à Lyon.
Crozet, chanoine titulaire de la Primatiale.
Palmier, curé de Boisset-lès-Montrond.
Nicolas, curé de Saint-Symphorien-sur-Coise.
Botton, curé de Villiers.
Gonon, curé de Saint Romain-le-Puy.
Besson, curé de Saint-Chamond.
Boirivand, curé de Vernaison.
Blanc, curé de Bessenay.
Ollagnon, curé de Chazelles-sur-Lyon.
Dalin, curé de Grézieux-la-Varenne.
Bertaille, ancien missionnaire.
Fontvieille, ancien curé de Grézieux-la-Varenne.
Anonyme.
Anonyme.
Pagnon, vicaire général.
Son Eminence Mgr le cardinal Caverot.
Chervet, chanoine titulaire.
Petit, ancien aumônier.
Brun, ancien curé d'Arnas.
Perret, curé de Fleurie.
Granjon, ancien curé de Rochetaillée.
Verrier, ancien curé de Charly.

MM. de Chatelus, ancien curé de Pouilly-le-Monial.
    Coudour, chanoine honoraire, curé de Notre-Dame-Saint-Vincent, premier président.
    Matricon, ancien vicaire d'Echalas.
    Routier, chanoine honoraire, curé de Saint-Nizier, deuxième président de la commission.

Mlles Léautard.
    Claudinon.

MM. Véron, ancien vicaire.
    Ferrières, chanoine honoraire à Saint-Galmier.
    Pardon, ancien curé d'Artun.
    Deveraux, ancien curé de Cercié.
    Tricaud, ancien curé d'Ecully.
    Son Eminence Mgr le cardinal Coullié.
    Barbier, chanoine honoraire, cinquième supérieur.
    Putod, chanoine honoraire, curé de la Grande-Eglise (Saint-Etienne).
    Lafay, ancien curé de Saint-Pierre de Vaise, à Lyon.
    Fourboul, ancien curé de Cuinzier.
    Giroudon, ancien aumônier de Saint-Sorlin.
    Descombe, aumônier des sœurs Saint-Joseph, Lyon.
    Fahy, aumônier des sœurs Saint-Joseph, Vernaison.
    Chipier, curé d'Orliénas.
    Martinet, ancien curé de Notre-Dame du Vernay.
    Rozier, ancien curé de Saint-Sixte.

NÉCROLOGE DE LA MAISON DE SAINT-FRANÇOIS-DE-SALES

Depuis que Notre-Seigneur Jésus-Christ a divinisé la souffrance, chacune de nos douleurs est devenue un trésor ; elle participe aux mérites infinis du Rédempteur, et nous acquiert un poids immense de mérites. Le prêtre connaît cela, et c'est pourquoi la souffrance et la douleur lui deviennent douces et même agréables.

En traçant la biographie (bien abrégée et bien incomplète) des prêtres morts dans la Maison, je songe aux mérites qu'ils ont dû obtenir en souffrant avec résignation et en mourant pleins de foi, là, dans ces chambres, dont, à dessein, je désigne le numéro. Ces mêmes chambres sont habitées aujourd'hui par d'autres prêtres qui souffrent à leur tour, et qui ont besoin aussi de résignation et d'esprit de foi ; l'exemple de leurs devanciers ne leur sera peut-être pas inutile.

Dans la liste des décès, je vois figurer de beaux noms ; j'y trouve des prêtres intéressants par leur âge et par leur condition, et remarquables par leur vertu et leur talent. Il me paraît édifiant d'en donner le tableau.

C'est sur cette nécrologie que je voudrais de préférence porter mes recherches, car c'est le côté qui me paraît utile et édifiant.

Si je ne puis être complet, je donnerai du moins ce

qu'il m'a été possible de recueillir : *Ad majorem Dei gloriam.*

* * *

M. Chazal (n° 6), ancien curé de Thizy, avait été pensionnaire à Fourvière, rue Cléberg, et était venu avec toute la maison à Vernaison, le 17 mai 1846. Cet homme de bien fut pour l'établissement un Bienfaiteur insigne. Il acheta la grande horloge qui sert encore, après avoir été considérablement réparée par M. Perrin, curé d'Irigny. Il acheta encore pour la maison cheval et voiture, qui furent vendus peu de temps après par le Supérieur. Dans son amour pour la simplicité, il trouvait que c'était trop beau. La voiture était plus belle que celle de l'Archevêque ; et cela, prétendait-il, ne convenait pas. M. Chazal ne jouit pas longtemps de son nouveau séjour ; il mourut avant la fin de l'année, et fut pour le Ciel, les prémices de Vernaison. Son nom est sur le tableau des Bienfaiteurs.

M. l'abbé Gentil (n° 9), vicaire de Saint-Bonaventure à Lyon, jeune prêtre de 34 ans, plein de talent et d'avenir, mourut dans d'atroces douleurs de tête, des suites d'un accident de voiture arrivé à Odenas. Il légua à la maison un calice en vermeil.

M. l'abbé Treille (n° 2), mrt à 33 ans le 8 mai 1848. Atteint tout jeune d'une triste maladie, d'un chancre, M. Treille se montrait très patient et toujours reconnaissant des services qu'on lui rendait. Il mourut dans de très vives douleurs, avec une résignation exemplaire.

M. Colas, ancien professeur à Saint-Jodard, puis vicaire à Amplepuis, vit sa vie brisée de bonne heure et mourut à 40 ans, le 28 août 1848.

M. Méret (n° 21), mort à 33 ans le 8 janvier 1849, ancien vicaire de Champdieu. Ce jeune abbé ne pouvant pas, en raison de sa maladie de poitrine, demeurer dans sa famille, se montra très heureux dans la maison pour laquelle il fut un sujet d'édification.

M. Farges (n° 32), mort à 31 ans, le 28 août 1849. C'était un ancien aumônier de l'Arbresle qui fut tellement édifiant pendant sa maladie que les sœurs infirmières l'ont inscrit à leur Canon des Saints.

M. Giron (n° 16), mort à 43 ans le 6 mai 1849. Ce jeune curé des Sauvages, qui donnait de belles espérances, mourut poitrinaire, en vomissant des flots de sang. Il laissa à la maison un ornement et quelques objets mobiliers.

M. Bouquet (n° 14), mort le 14 mai 1849 à 32 ans. Après avoir été vicaire à Saint-Germain-Lespinasse et ensuite à Saint-François à Lyon, ce jeune prêtre tomba épuisé et mourut dans de grands sentiments de piété.

M. Faugier (n° 7), mort à 74 ans, le 28 septembre 1849. C'était un vétéran, venu de la rue Cléberg, à Fourvière, et qui, après avoir été prêtre assistant à Lyon, était tombé dans un tel affaiblissement qu'il ne pouvait exprimer une seule pensée. Il a laissé l'horloge qui est au vestibule du rez-de-chaussée.

M. Ferrier (n° 14), mort le 16 octobre 1849, à 42 ans. Ancien professeur de Verrières, homme paisible et édifiant, M. Ferrier était allé faire un traitement pour une maladie de cœur, à l'hôpital de Lyon. Il en sortit pour venir mourir à Vernaison.

M. Favrichon (n° 14), mort en avril 1850, à 34 ans. Cet abbé, vicaire à Saint-Clair, à Lyon, atteint tout jeune d'un mal incurable, l'épilepsie, s'était d'abord retiré chez un oncle à Jarnosse. Mais cet oncle, ne pouvant plus le garder, l'amena sur un char à bœufs et le déposa à la Maison de Saint-François-de-Sales. Monseigneur le Cardinal refusait d'abord de le recevoir, à cause de sa triste maladie, et ce ne fut que trompé par le médecin qu'il l'accepta. Plus tard, il déclara qu'il était content d'avoir été trompé. Ce jeune prêtre, alité et paralysé, se montrait, dans ses crises fréquentes et douloureuses, si patient, si pieux, si reconnaissant des services rendus, qu'il faisait l'édification de tout le monde.

M. Montagnier (n° 4), mort le 9 novembre 1850, à 77 ans. Vicaire général honoraire, ancien promoteur du diocèse, chargé des séminaires, M. Montagnier était originaire d'une honorable et ancienne famille de Saint-Chamond. Il était boiteux d'une jambe, mais non de l'esprit, qu'il avait très juste et très droit. Cet homme habile et vertueux, rompu aux affaires d'administration, exerça à Vernaison, tant par ses conseils que par ses exemples, une très grande et très salutaire influence. Il était l'ami dévoué et le conseiller éclairé de la Mère Elisabeth, la Supérieure, qui ne prenait aucune décision sans l'avoir consulté auparavant.

Ce prêtre délicat et sensible, étant allé à Lyon dans l'intention de faire une visite à Mgr de Pins, retiré alors à Fourvière, rue du Juge-de-paix, ne fut pas reçu par l'Archevêque, qui, depuis qu'il n'était plus à l'Archevêché de Lyon, boudait un peu tout le monde. Il en fut profondément affecté et, étant allé demander à dîner à son ami M. l'abbé Galtier, aumônier du Verbe-Incarné, il s'y trouva fatigué. A trois heures du soir, il était mort.

M. Lacroix (n° 14), décédé le 3 septembre 1851, à 55 ans. Ancien curé de Montarcher, ensuite retiré à Lyon, ce prêtre, qui avait la tête fatiguée et refusait de s'alimenter, n'est pas resté longtemps dans la Maison ; il n'y est venu que pour mourir.

M. Breton (n° 23), mort le 19 décembre 1854, à l'âge de 67 ans, avait été quelque temps curé de Grezoles. Il avait habité, par intermittences, la maison de Fourvière, puis était retourné, aussi par intermittences, dans le ministère. Il vint mourir à Vernaison.

M. Collonges (n° 30), mort le 7 juin 1855, à 81 ans. Ancien prébendier du diocèse de Grenoble, il fut peu connu dans la Maison.

M. Forest (n° 21), mort le 22 février 1856, à 38 ans. Ancien vicaire de Francheville, il arriva poitrinaire dans la Maison et mourut peu de temps après.

M. Girond (n° 4), Supérieur de Vernaison, vint à Saint-François-de-Sales, non comme Supérieur, mais comme pensionnaire. Il y demeura quatre ans comme tel, et deux ans comme Supérieur.

C'était un homme intelligent, gracieux, très doux et très pieux, destiné aux plus belles positions du diocèse, si sa santé le lui avait permis. Vicaire à Perreux, Directeur du Petit Séminaire de Saint-Jean, curé à la Chassagne, aumônier à Marie-Thérèse, partout il réussit.

Mgr de Pins, administrateur du diocèse, voulut se l'attacher en qualité d'aumônier, et lorsque, quittant Lyon, il se réfugia à la Grande-Chartreuse, M. Girond, nouveau viateur, l'y suivit. Mais il ne tarda pas à rentrer dans le diocèse, et fut nommé premier curé de la nouvelle paroisse de Saint-Eucher à Lyon. Là, il fit beaucoup et très bien ; mais sa santé, toujours mauvaise, vînt arrêter son zèle. A la suite d'une opération malheureuse qu'il subit à la hanche, il ne put plus marcher qu'à l'aide de deux béquilles, et c'est alors qu'il prit la ferme résolution, malgré la vive opposition de sa paroisse chérie, de se retirer dans la Maison de Saint-François-de-Sales. Sa mère et ses sœurs, retirées à Lyon, l'engagent à se fixer auprès d'elles : « Non, non, répondit-il, Vernaison est la place d'un prêtre qui se retire du Saint Ministère ; c'est là que je veux aller mourir. »

Il arriva le 26 décembre, fête de saint Etienne, 1850 ; et comme il était déjà connu et très apprécié, il fut reçu avec grand plaisir.

Aussi, dès que M. Sanquin donna sa démission, le Cardinal songea-t-il à M. Girond, et le nomma-t-il Supérieur. Le bon abbé, oubliant son mauvais état de santé, accepta par vertu d'obéissance. Et comme ses amis lui disaient : « N'acceptez pas, Vernaison ne vous convient pas ; d'autres, à votre place, refuseraient. » Il répondit : « Et moi, je ne refuserai pas. Mon peu de mérite doit me faire accepter avec reconnaissance ce que d'autres refusent avec mépris. — Mais vous aurez trop de peine à contenter certaines têtes malades. — Je connais la maison. Les personnes raisonnables doivent y être contentes ; et quand à celles qui ne le sont pas, je renonce d'avance à les satisfaire. »

Aucun motif humain ne détermina donc l'acceptation de M. Girond. Faire le bien fut son unique ambition, et il y réussit. Mais il ne fit que passer. Après vingt-trois mois de supériorat, il succomba à ses cruelles souffrances le jour de Pâques, 23 mars 1856, à cinquante-six ans, laissant à la Maison le souvenir de ses vertus et de ses bienfaits.

N'ayant pu exécuter les réparations projetées, il légua à la Supérieure des fonds secrets à cet effet. Un poulailler, des bassins, des bâches au jardin, des objets mobiliers furent ainsi payés. Il voulut léguer aussi, pour l'*exemple*, disait-il, deux mille francs à cette maison, qui offre au clergé une si honorable retraite.

M. Giroudon (n° 33), décédé le 19 juillet 1856, à soixante-six ans. Ancien missionnaire de la Martinique, il rentra en France, puis vint à Vernaison, la tête bien malade. Il expira après une agonie de huit jours.

M. Thomas (n° 3), mort le 6 septembre 1856, à soixante-dix ans. Ancien curé de Morancé, cet homme digne et pieux a donné à la chapelle le vitrail qui porte son nom, et à la maison la plus grande partie de son mobilier. Il mourut, emporté rapidement, des suites de l'empoisonnement par la ciguë, qui eut lieu au Grand-Séminaire pendant la retraite ecclésiastique de 1856.

M. Voutal, né à Chevrière en 1829, mort le 19 juillet 1857, n'avait que vingt-huit ans. Il appartenait à la Société des Missionnaires, aux Chartreux, et se préparait à la prédication. Tout lui souriait, lorsqu'il fut frappé par la maladie. Alors, très pieux, très résigné, il fit généreusement le sacrifice de sa vie.

M. Bez (n° 10), curé d'Oullins, né à Lyon en 1796, mort le 2 septembre 1857 d'un ramollissement de la moelle épinière, à l'âge de soixante-un ans. Homme gracieux et facile, bouillant et généreux, au cœur d'or, M. Bez a fait beaucoup pour la maison. Il a payé l'or employé pour broder le bel ornement; a donné la grande garniture dorée de l'autel, les grands candélabres, les cartons et le pupitre dorés ; a donné encore deux ou trois ornements et tout le mobilier de sa chambre. C'est par oubli que son nom n'est pas inscrit au tableau des Bienfaiteurs.

M. Demonceaux (n° 47), né à Sainte-Marguerite-de-Neaux le 6 février 1801, est venu à deux reprises différentes dans la maison. Homme d'un esprit original, et souffrant d'une maladie imaginaire, il mourut le 25 janvier 1858, à cinquante-sept ans.

M. Grenetier (n° 16), né le 12 juin 1778 ; mort le 29 août 1858, à 80 ans, après un séjour de 5 ans dans la maison. C'était un bon vieillard, ancien prêtre assistant à Saint-Etienne, tombé dans un état d'enfance douce et pieuse, qui le portait à vouloir faire continuellement des retraites aux religieuses.

M. Ribost (n° 18), né à Ecully le 4 avril 1803 ; mort le 8 septembre 1858, après un an et demi de séjour. C'était un saint prêtre et un homme très patient. Il avait grand besoin de patience, car il était hydropique, au point de ne pouvoir plus se mettre au lit, et de passer sa vie dans un fauteuil.

M. Giroud, né à Montrotier le 6 octobre 1824, ancien aumônier de l'Arbresle, ne vint dans la maison que pour y mourir après un mois de séjour, le 22 novembre 1858, à 34 ans.

M. Valois n° 10), né à Saint-Marcel-de-Félines, le 14 janvier 1826, vicaire à Bully, était un prêtre zélé qui, malgré des obstacles sérieux dans la voix et dans l'oreille, s'était toujours distingué par sa passion pour le plain-chant. Il mourut après un court séjour le 23 décembre 1858.

M. Souchon (n° 37), né à Cremeaux, décédé le 7 mars 1859, à l'âge de 73 ans. Il fut le premier curé de Saint-Thurin, et devint ensuite curé de Chessy. Homme à la foi vive, très régulier, très édifiant, il souffrit sur la fin de sa vie, sans perdre sa bonne humeur, les plus violentes douleurs.

M. Cuizinier (n° 35), né à Chambost-Longessaigne en 1790, ancien curé de Miribel (Ain), était un des prêtres de Lyon restés dans le diocèse de Belley au moment de la séparation. C'était un homme d'une taille et d'un embonpoint remarquables, qui par suite, en devint infirme. Il mourut d'une chute de voiture, à Saint-Hilaire-sous-Charlieu, chez son ami, l'abbé Ville, qu'il était allé visiter, le 14 octobre 1859. Il avait alors 69 ans.

M. Laurençon (n° 47), né à Rive-de-Gier, ancien curé de Chalain-d'Uzore, puis prêtre assistant à Lyon, vint à Vernaison, affaibli, découragé et par suite difficile à ranimer. Après quatre ans de séjour, il mourut subitement d'une attaque, dans le vestibule du second étage, le 27 janvier 1860, à l'âge de 59 ans.

M. Martin (Jean-Claude), né à Saint-Etienne le 5 avril 1823. Aumônier de la Sainte-Famille, vint à Vernaison, miné par une maladie de poitrine, et mourut après un mois de séjour, à l'âge de 37 ans.

M. Chervié (n° 20), né en mars 1790, ancien curé de Saint-Hilaire, ancien maître de pension à Lyon, mourut le 12 janvier 1861, après quinze ans de séjour dans la maison. C'était un saint scrupuleux, qui passait son temps à combattre le diable et à avoir avec lui des monologues et des luttes mémorables.

M. Bussière (n° 6), né à Vaux le 31 octobre 1794, ancien curé de Saint-Bonnet-des-Bruyères, mourut le 21 avril 1861, à l'âge de 64 ans après neuf ans de séjour. C'était un homme pieux et généreux qui, en reconnaissance pour les services qu'il avait reçus, laissa à la supérieure une belle somme qui fut employée à rustiquer la maison. Cet excellent prêtre était paralysé de tout un côté et, par suite de cette paralysie, ne pouvant plus s'alimenter, il mourut de faim.

M. Guillaume Guilloud (n° 16), né à Affoux, le 23 octobre 1775, mort après quatre ans de séjour, le 2 mai 1861 à 86 ans. Ancien curé de Sainte-Colombe-lès-Vienne, curé légendaire, connu de tout le diocèse par ses actes de simplicité. Il arriva dans la maison, la tête complètement égarée. Il se croyait évêque, pape, et donnait continuellement des bénédictions dans sa chambre. Il se produisit à sa mort un effet surprenant, il recouvra une parfaite lucidité d'esprit et mourut dans des sentiments de vraie piété.

M. Poty (n° 7), né à Saint-Bonnet-le-Château, le 27 janvier 1830, ancien élève de Verrières, fut, en sortant du Grand-Séminaire, vicaire pendant quelque temps à Saint-Denis-sur-Coise. Il était d'une taille et d'une force athlétiques, et cependant il vint de bonne heure dans la maison pour y mourir poitrinaire. Sa force lui servit à contenir son voisin l'abbé Guilloud qui le redoutait et lui obéissait comme un enfant. Il fit, après trois ans de séjour, une mort très édifiante, le 10 mai 1861, à 31 ans.

M. Chaveloux (n° 24), né à Montbrison, ancien curé de l'Hôpital-le-Grand, mourut la tête bien affaiblie, le 15 septembre 1861, à cinquante-huit ans, après un séjour de cinq ans à Vernaison.

M. Barou, né à Sail-sous-Couzan, ancien curé de Saint-Haon-le-Châtel, mourut après dix jours de séjour dans la maison, d'une attaque prise au réfectoire, le 17 juin 1862, à l'âge de soixante-trois ans.

M. Fichet (n° 7), né à Lyon, mort subitement le 10 juillet 1862, à l'âge de cinquante-quatre ans. Musicien remarquable, il fut longtemps maître de chapelle à la Primatiale, et fit imprimer de concert avec M. l'abbé Neyrat, un recueil chanté encore dans nos églises.

M. Magdinier (n° 3), né à Naulieu, ancien curé de Marcoux, resta six ans dans la maison, et y mourut à soixante-dix ans, le 30 août 1862.

M. Rossary (n° 6), né à Saint-Chamond, ancien curé de Saint-Paul-en-Jarez, est mort à soixante-dix ans, après trois ans de séjour dans la maison, le 13 juillet 1863.

M. Gazel (n° 10), né à la Chamba, ancien curé de Chambon-Feugerolles, vint dans la maison paralysé de tout le côté droit. Il s'y montra très édifiant ; ne pouvant dire la sainte messe, il y assistait et communiait tous les jours. Il fut très généreux, et donna le lustre de la chapelle, de grands chandeliers, etc. Il est inscrit au tableau des Bienfaiteurs. Cet excellent prêtre mourut subitement (mais il était préparé depuis longtemps), en septembre 1853, à l'âge de soixante-neuf ans.

M. Tournier, né à Champfromier (Ain), ancien assistant à Saint-Pierre, à Lyon, n'est demeuré dans la maison que trois mois ; il est mort le 12 mars 1864, à soixante et onze ans.

M. Bérerd (n° 7), né à Bessenay, ancien aumônier des Trinitaires à la Croix-Rousse, n'est resté dans la maison qu'un an. Il a forgé la carcasse en fer de l'exposition de Saint-Joseph à la chapelle. Il mourut poitrinaire à quarante et un ans, le 12 juillet 1864.

M. Martin (n° 3), né à Lyon, ancien aumônier du Dépôt de mendicité, et par cette raison appelé par ses amis *le mendiant*. Il était d'une calvitie extraordinaire et n'avait pas un seul cheveu sur la tête. Prêtre original, mais très pieux et très bon, il mourut après un an de séjour, le 5 novembre 1864, à l'âge de soixante-douze ans.

M. Morel (n° 18), né à Montbrison, fut d'abord professeur au Séminaire de Montbrison, ensuite chapelain à la cathédrale, et là, il se fit remarquer par la beauté de sa voix, et par son talent musical. On rapporte, à ce sujet, un fait singulier : Il avait fait, étant à Montbrison, la connaissance d'un maître de musique militaire. Or, un jour que ce maître lui montrait un morceau de musique nouveau, M. Morel le lui demanda pour le faire exécuter par ses élèves du Séminaire. Non, répondit le militaire, il faut qu'une œuvre pareille soit exécutée par des artistes et non par des goujats. L'abbé, offensé, se retira, mais il alla écouter une répétition, et il écouta si bien qu'il enleva le morceau ; et, rentré chez lui, il le transcrivit et le fit exécuter. Etonnement du maître de musique !...

M. Morel, ayant perdu la santé et contracté par suite de l'abus du chant une grave infirmité, un goître, fut d'abord nommé vicaire à Notre-Dame-de-Fontaine, puis vint ensuite malade à Vernaison, où il demeura sept ans. Il s'y fit remarquer par sa bonne tenue et son bon esprit, et y mourut le 16 mars 1865, à l'âge de quarante-cinq ans.

M. Morin (n° 9), né à Vaux-Renard, en 1781, ancien curé de Joux, séjourna d'abord six ans dans la maison de Saint-François-de-Sales. Il en sortit pour être aumônier au pénitencier d'Oullins, puis revint ensuite pour y mourir à quatre-vingt-quatre ans. C'était un prêtre austère, très sévère pour lui-même et très édifiant.

M. Fromont (n° 18), prêtre au diocèse de Belley, ne resta à Vernaison que deux mois, et y fut d'une grande édification. Une des dernières nuits de sa vie, il disait à la sœur infirmière, en regardant par sa fenêtre le ciel étoilé : Quelle belle nuit pour aller au ciel ! Il mourut le 2 juin 1865, et son nom est inscrit sur le tableau des Bienfaiteurs.

M. Coquard Jean-François (n° 9), né à Villechenève, ancien aumônier de l'école normale à Villefranche, était un prêtre aimable et un homme de Dieu. Il passa un mois dans la maison, affligé d'une douloureuse maladie, un cancer interne, dont il mourut dans de vives douleurs. Il sanctifia sa maladie d'une manière admirable, voulut être administré à la chapelle du 1er étage, comme plus convenable, et mourut dans de grands sentiments de foi, à quarante-huit ans, le 23 mars 1866.

M. Gomot (n° 35), curé de Saint-Pierre de Moulins,

chanoine honoraire de la cathédrale, chevalier de la Légion d'honneur, était un homme de valeur; un esprit juste et droit, un cœur grand et généreux et d'éminentes vertus, voilà ce qui le distinguait. Il avait occupé, avec un légitime succès, les premiers postes de son diocèse, mais se sentant frappé d'une maladie incurable, une maladie de cœur, il crut de son devoir de se démettre de fonctions qu'il ne pouvait plus remplir, afin de pouvoir se préparer à la mort. Il voulut même que le sacrifice fut complet, et, pour cela, s'éloignant de son diocèse et de ses amis, il demanda à être admis dans le bel établissement de Vernaison. Peut-être les innovations et les difficultés suscitées par son nouvel évêque, Mgr de Dreux-Brézé, ne furent-elles pas étrangères à l'éloignement de M. Gomot.

On lui accorda provisoirement le séjour de Vernaison, qui était réservé uniquement aux prêtres du diocèse; mais, lorsqu'on l'eut connu, on fut très heureux de faire une exception en sa faveur, et l'on fit, en le gardant définitivement, une excellente acquisition.

C'est dans cet asile que M. Gomot passa les deux dernières années de sa vie, estimé et chéri de tous, entouré des soins les plus intelligents et les plus affectueux. Cette vie, déclare-t-il lui-même, aurait été pour lui trop douce, et Dieu avait sur cette âme des pensées meilleures. Son état s'aggrava au point qu'il se crut arrivé à sa dernière heure. Il survécut cependant à cet accès, parce que Dieu lui réservait une épreuve plus longue et plus digne de sa foi, et, durant quatre mois, il fut un vrai martyr. Cet excellent prêtre avait demandé à Dieu la faveur de ne pas connaître les flammes du Purgatoire, et, à cette condition, il acceptait toutes les souffrances qu'il lui plairait de lui envoyer. Il semble que Dieu ait exaucé sa demande, et c'est pourquoi, au milieu de ses crises, le pauvre patient répétait parfois ce mot, inintelligible pour le public : « J'ai été imprudent. » Il craignait, ce saint homme, de ne pouvoir supporter ses souffrances et de perdre patience. Mais ceci n'arriva jamais ; sa résignation ne faiblit pas un seul instant. Dans ces moments douloureux, les pensées de la foi formaient son unique soulagement. Un jour, il jeta loin de lui sa décoration, en disant : « Hochet de vanité ! » « Le temps n'est rien, faisait-il écrire à un de ses amis, l'éternité est tout. »

Enfin, il s'éteignit en conservant jusqu'à la fin sa pleine connaissance, le 29 novembre 1866, laissant à toute la maison une grande édification et d'impérissables regrets. Il n'avait que de 64 ans.

Outre sa générosité en argent, il légua à la maison tout son mobilier, qui était très beau, et la plus grande partie de son linge. C'est à juste titre que son nom figure au tableau des Bienfaiteurs.

M. Masson (n° 17), né à Marseille, fut vicaire à Grammont, et vint de bonne heure à Vernaison, où il passa 21 ans. C'était un saint prêtre, qui ayant gardé toujours le règlement du grand séminaire, étudiait constamment la théologie, l'Ecriture sainte et surtout l'Apocalypse. Il ne pouvait, dans l'état d'affaiblissement où il était tombé, dire la sainte Messe, mais il en servait le plus grand nombre possible. Il mourut le 12 septembre 1867, à 73 ans.

M. Thomaron (n° 9), né à Saint-Maurice-sur-Dargoire, fut d'abord vicaire à Chasselay, et là il accomplit une œuvre qui n'est pas le moins beau fleuron de sa couronne sacerdotale. Il donna des leçons de latin à trois petits enfants du pays, qui sont devenus trois excellents prêtres : M. Boin, mort sulpicien ; M. Bail, mort curé de Montagny (Loire), et M. Montfrey, mort curé de l'Annonciation, à Vaise, fondateur et insigne bienfaiteur de cette église. M. Thomaron fut curé de Jullié et, atteint d'une maladie de la moelle épinière, il vint mourir à Vernaison après deux ans de séjour, à l'âge de 50 ans.

M. Mante (n° 3), né à Lyon, chapelain de la cathédrale, demeura peu de temps dans la maison, mais y fut d'une grande édification. Homme de Dieu, et ne vivant que de la foi, il passait presque sa vie entière devant le Saint-Sacrement. Il se rendit encore à la chapelle le jour même de sa mort. Prêtre doux, simple et naïf, il fit, à 64 ans, la mort d'un saint, le 11 novembre 1867.

M. Lafont (n° 42), né à Ranchal, ancien curé de Moiré, excellent prêtre, resta longtemps dans la maison, et mourut à 60 ans, le 5 février 1868.

M. Passemard (n° 3), né à Usson, prêtre du diocèse de Moulins, homme de cœur et excellent prêtre, n'a passé que trois mois dans la maison, où il est mort le 8 février 1868, à l'âge de 63 ans.

M. Mey (n° 35), né à Usson en 1807, élève de Verrières, était un prêtre admirablement doué. D'abord professeur à Saint-Jodard, puis longtemps vicaire à Sainte-Marie, à Saint-Etienne, où il fonda l'œuvre des Veilleurs de nuit ; ensuite vicaire à Saint-Nizier à Lyon, et enfin curé de Saint-Jean-Bonnefond, où il termina sa carrière sacerdotale, partout M. Mey eut un succès sérieux et exerça une salutaire influence.

C'est à Saint-Jean-Bonnefond surtout qu'il donna la mesure de sa valeur et qu'il montra toute l'ardeur de son zèle. Il avait été choisi entre mille et envoyé comme curé dans cette grande paroisse, alors troublée et divisée par le fameux Digonnet, le petit bon Dieu des Béguins. Il répondit pleinement à cette attente.

Dès le commencement de son long ministère de vingt ans, il établit sur toute sa paroisse une autorité si incontestée qu'aucune autre n'aurait pu contrebalancer la sienne. Il profita de cet avantage pour bien diriger ce pays qui obéissait admirablement à sa voix, et pour y rétablir la paix. Il put ainsi ramener à l'Eglise quelques âmes égarées, et établir solidement ses œuvres paroissiales, qu'il ne multipliait pas outre mesure, mais qui étaient toutes florissantes. Il en profita pour secourir les pauvres, qu'il aidait à sa façon, mais toujours d'une manière efficace. Il en profita surtout dans l'intérêt des âmes; ses catéchismes du dimanche étaient courus, ses instructions portaient juste, et il n'y avait pas un indifférent qui, au moment de la mort surtout, osât lui résister.

Il fit bâtir le presbytère, et, aidé du puissant concours du baron Charles de Rochetaillée, il fonda et dota un magnifique hôpital. Pour l'église, il se contenta de la faire restaurer, mais ne voulut pas la faire reconstruire (on lui en a fait un reproche), parce que, disait-il, la paroisse étant destinée à être démembrée, ce qui est arrivé, l'église devait être suffisante.

J'ai nommé le baron de Rochetaillée, ce fut l'ami fidèle, à la vie et à la mort, ami généreux et dévoué. Le curé et le châtelain marchaient la main dans la main; le presbytère et le château, tout en gardant leur indépendance, ne faisaient qu'un. Ensemble, ils priaient chaque matin à la sainte Messe; ensemble, ils faisaient leur visite à l'hôpital; ensemble ils allaient quelquefois voir et secourir un pauvre malade; influence et secours, tout y gagnait.

M. Mey savait aussi encourager ses collaborateurs, et avait toujours une bonne parole pour les remercier de leurs services. Aussi ses vicaires étaient-ils heureux auprès de lui et lui restaient-ils très dévoués.

C'était un vrai charmeur ; gai et spirituel, il avait toujours quelque saillie amusante, parfois même un peu gauloise, mais si finement donnée qu'on ne faisait attention qu'à l'esprit et on riait.

Une œuvre qu'il affectionnait spécialement, c'est la protection des jeunes gens ; riches ou pauvres, pauvres surtout, pourvu qu'ils fussent honnêtes, il les aimait et les attirait à lui. Il passait parfois de longues heures à les faire causer et à les encourager, et il prétendait avec raison que ce n'était pas un temps perdu. Et de fait il réussissait : ces protégés arrivés, quelques-uns du moins, à de grandes positions, sont restés fidèles et chrétiens. A l'époque de sa mort, un négociant de Saint-Etienne, assis devant une table de café, s'écriait en lisant dans le journal l'annonce de ce décès : « C'est un digne prêtre qui vient de mourir, cet homme a fait beaucoup de bien. Et moi qui vous parle, ajoutait-il, si je suis quelque chose, c'est à ce prêtre que je le dois. » C'était une belle apologie.

Lorsque M. Mey se sentit frappé du mal qui devait l'enlever, il songea à se retirer, comme un ouvrier inutile. Aucune observation, aucune supplication ne put ébranler et changer sa résolution. Son ami le baron de Rochetaillée, voulait au moins le garder auprès de lui et chez lui : « Non, répondit M. Mey ; malgré le plaisir que j'y aurais, je gênerais mon successeur. D'ailleurs, vous avez votre famille, quant à moi, ma famille est à Vernaison ; c'est là que j'irai apprendre à mourir. »

Il entra dans la Maison de Saint-François-de-Sales, le 15 octobre 1867, et l'établissement fit en lui une riche acquisition.

Il se mit à suivre son règlement du grand séminaire, et pendant qu'il charmait ses confrères par son esprit, il les édifiait par sa régularité et sa piété. Comprenant que cette maison avait besoin d'être protégée, il se montra pour elle vraiment généreux, et fut toujours pour la Supérieure, Mère Sainte-Rose, qu'il avait su apprécier, un précieux appui.

Il ne fit pas un long séjour à Vernaison ; il fut enlevé rapidement le 9 janvier 1869, par un squirre dont il portait depuis longtemps le germe funeste. Il n'avait que 62 ans.

Le baron de Rochetaillée fut, en vue de l'hôpital qu'ils avaient fondé, son légataire universel. Il le fit transporter à Saint-Jean-Bonnefond, et lui fit élever un digne monument qui est aujourd'hui la croix du cimetière.

M. Ray (n° 16), né à Lyon, ne vint dans la maison que pour y mourir ; il n'y séjourna que quinze jours. Ce jeune prêtre, pieux et intelligent, semblait destiné à rendre de grands services à l'Eglise ; mais la maladie vint l'arrêter, et il mourut poitrinaire à 31 ans, le 8 mai 1869.

M. Essertel (n° 46) né à Bussy-Albieux, promettait une belle carrière. Il fut d'abord vicaire à Saint-Rambert-sur-Loire ; puis, sa santé dépérissant, à Messimy. Enfin, il vint à Vernaison, la tête malade et y passa six ans dans le même état. Mais, vers la fin, il retrouva le calme et la lucidité, et mourut à 42 ans, dans les sentiments de la plus vive piété, le 30 janvier 1870.

M. Audin (n° 46), né à Beaujeu, ancien curé de Taponas, était un homme de mérite. Il arriva en mauvais état dans la maison, où il resta 8 mois. Il voulut ensuite aller faire un traitement à l'hôpital, mais saisi par l'ennui et ne voulant pas y mourir, il se fit ramener à Vernaison, afin d'y rendre le dernier soupir au milieu de ses confrères, le 7 juillet 1870. Il n'avait que 46 ans.

M. Chabert (n° 36), né à Belleroche, prêtre assistant à Lyon, n'est resté dans la maison que quinze jours. Il est mort bien préparé et plein de reconnaissance pour les soins qui lui avaient été donnés. Il avait 63 ans (2 août 1870).

M. Puntonet (n° 9), né en Catalogne, était depuis longtemps aumônier à Vaise. Ce prêtre ardent et pieux, mêlant la politique à la religion, avait été carliste, et avait en conséquence, et non sans danger, émigré en France. C'est lui qui, en mourant à 64 ans, après huit mois de séjour à Vernaison, a laissé à la maison le petit harmonium.

M. Caillet (n° 18), né à Roizet, était un excellent prêtre qui, en qualité de curé, avait fait le bien à Montrond et à Coise. Dans les vives souffrances qu'il eut à supporter, il montra toujours bonne humeur, grande résignation et solide piété. Il mourut saintement, après treize mois de séjour, à 68 ans, le 13 décembre 1870.

M. Clavany (n° 7), né à Lyon, était un ancien curé d'Andrézieux, où il avait fait bâtir l'église, et exercé une salutaire influence. Pendant son séjour de quatre ans à Vernaison, il fut frappé d'une attaque de paralysie, et n'eut plus, dès ce moment, la consolation de dire la sainte Messe; mais il l'entendit chaque jour avec une vive piété jusqu'à sa mort, le 23 mai 1871. Il avait 72 ans.

M. Menaïde (n° 3), né à Bard (Loire), fut le troisième

Supérieur. Il appartenait à la maison des Chartreux, et avait été pendant quarante ans Directeur du Séminaire de l'Argentière, où il a laissé des souvenirs durables. Nommé Supérieur de Vernaison, il accepta à condition qu'il n'aurait pas à s'occuper du matériel et de la comptabilité.

Homme de paix et de prière, il édifia pendant quinze ans la Maison de Saint-François-de-Sales. Il avait en la Sainte Vierge une confiance aveugle, la priait continuellement et tenait toujours son chapelet à la main. Il avait aussi une dévotion spéciale au Saint-Esprit qui lui accordait des lumières que n'ont pas toujours les savants, et qui peut-être lui mérita la faveur de mourir le saint jour de la Pentecôte, 28 mai 1871, à l'âge de 82 ans.

M. Jacquemot (n° 7), né à Saint-Loup, fut d'abord vicaire à Colombier. Là, il fit faire la première communion à une petite fille qui devait être plus tard, en qualité de religieuse, son infirmière, et lui fermer les yeux à Vernaison. Vicaire à Saint-Just-en-Chevalet, curé d'Avenas et de Saint-Christophe-la-Montagne, il remplit partout un bon et salutaire ministère. Il vint à Saint-François-de-Sales avec une maladie de cœur très avancée, et pendant cinq mois il souffrit de violentes douleurs, mais toujours avec résignation et bonne humeur. En chantant son propre *Libera*, il mourut saintement le 26 février 1872, à 54 ans.

M. Gaumont (n° 7), né à Saint-Sixte, successivement vicaire à Saint-Romain-d'Urfé, Saint-Julien-en-Jarez et Firminy, montra partout un caractère heureux et conciliant. On fut étonné de le voir lui, fort et robuste, mourir poitrinaire, à l'âge de 45 ans, après huit jours de séjour à Vernaison, le 9 octobre 1872.

M. Coquard Pierre (n° 29), né à Lyon, fut successivement vicaire à Denicé, professeur à Montbrison, à Saint-Jean, aumônier des frères à Caluire, des Ursulines à Saint-Chamond, de la Sainte-Famille à Beaujeu, et passa près de douze ans à Saint-François-de-Sales. Prêtre jusqu'à la moelle des os, studieux et savant, il était apte à l'étude plutôt qu'au ministère. Il mourut presque subitement, la nuit, après son retour d'une petite retraite qu'il avait faite auprès du curé de Vernaison, le 17 octobre 1872, à 64 ans.

M. Joye (n° 20), né à Verrières, fut vicaire à Saint-Jean-Soleymieux et à Saint-Genest-Lerpt, puis curé à Lavalla, à Noirétable, à Epinac et à Luriecq. Modeste autant que savant, il eut à un haut degré les deux vertus qui font le bon prêtre : le sens droit et l'esprit de foi. Il vint dans la maison, malade, ne pouvant plus travailler, mais gardant toujours sa vive piété.

Il avait grande confiance en la Sainte Vierge, dont il portait constamment entre les mains une petite statuette ; il se disait le *foutreau* de Marie. C'était l'ami intime de M. Menaide, et, ensemble, ils passaient leur journée à égrener des chapelets. Il mourut à 66 ans, le 19 décembre 1873.

M. Changeon (n° 7), né à Pélussin, professeur à Montbrison, mourut pieusement, d'une maladie de poitrine, à 29 ans, le 9 mars 1874, après quatre mois de séjour.

M. Millou (n° 10), né à Barcelonnette, eut une existence des plus agitées, une véritable odyssée. Dans son bas âge, ayant perdu sa mère, et son père, instituteur à Barcelonnette, s'étant remarié, il ne trouva dans sa seconde mère qu'une marâtre qui le maltraitait. C'est pourquoi, à l'âge de neuf à dix ans, il descendit la nuit de sa chambre, à l'aide des draps de son lit, et quitta le toit paternel pour ne plus y rentrer. Le petit Millou se mit en route, et, mendiant son pain, et couchant dans les granges, marcha ainsi à pied jusqu'à Lyon. Là, s'étant muni d'épingles, d'aiguilles, de lacets, il se mit à vendre ces objets, en parcourant les rues avec sa corbeille.

Mais l'hiver arriva, et le pauvre enfant avait froid et faim. Un jour qu'il s'était réfugié dans une allée de la rue Vieille-Monnaie, une bonne maîtresse d'atelier le rencontra en larmes, et après lui avoir demandé qui il était et ce qu'il faisait, l'emmena chez elle, le restaura et l'occupa ensuite à tourner la manivelle des anciens dévidoirs. Ce n'est pas tout, trouvant cet enfant intéressant et intelligent, elle le présenta à un vicaire de Saint-Polycarpe, M. Bon, qui, le prenant sous sa protection, en fit d'abord un enfant de chœur, puis un séminariste, se chargeant de tous les frais de son éducation. Ce bon abbé s'attacha tellement à cet enfant qu'il le constitua son héritier.

L'enfant grandit, fit de brillantes études, et devint un prêtre savant et distingué. Il fut emmené, par les circonstances, hors de Lyon, et devint missionnaire, puis professeur de philosophie en même temps qu'aumônier, au collège de Sens. Dès lors, il se fixa dans ce diocèse, et y fut même curé de canton et chanoine honoraire.

Lorsque sa vue se fut affaiblie, et qu'il eut même perdu un œil, M. Millou revint dans le diocèse de Lyon, et après être resté quelque temps à Neuville, il se retira à Saint-François-de-Sales où il vécut encore dix ans.

Sous une écorce rude et un caractère difficile, on trouvait le prêtre vertueux et l'homme de devoir. Pas un jour de sa vie, il n'oublia ses bienfaiteurs, la vieille dévideuse et le vicaire de Saint-Polycarpe. Il laissa à la maison, par l'intermédiaire de M. Chapuy, curé de la Guillotière, la fortune qui lui restait, et fit une mort édifiante le 10 mai 1874, à l'âge de soixante-quatorze ans.

M. Sarry (n° 6), né à Noirétable, avait d'abord exercé le ministère dans le diocèse, comme professeur à Saint-Alban, vicaire à Rozier-Côte-d'Aurec et à Saint-Forgeux. Il partit ensuite comme missionnaire pour le Texas, et déploya dans les missions beaucoup de zèle; mais il y perdit la santé et vint mourir à Vernaison, à cinquante ans, après quatre mois de séjour.

M. Courbon (n° 7), né à Saint-Genest-Malifaux, longtemps professeur à Verrières, prêtre vertueux et intelligent, vint mourir à Vernaison, le 20 avril 1874, à l'âge de trente-trois ans, après un séjour d'un mois.

M. Neyron (Raphaël). Trois frères Neyron, issus d'une bonne famille de Lyon, et neveux de M. Villerme, curé de Saint-Nizier, étaient dans les ordres sacrés. Le plus jeune mourut de bonne heure aux Chartreux, les deux autres vinrent, bien affaiblis au moral, mourir à Vernaison, et se suivirent de près dans la tombe.

Raphaël, ancien missionnaire au Canada, était retiré à Lyon; il ne resta à Vernaison que quinze jours, et y mourut le 17 juillet 1874, à l'âge de soixante et onze ans.

M. Neyron (Saturnin) (n° 36), qui était depuis cinq ans dans la maison, plus affaibli encore que son frère, le suivit dans la tombe à onze mois de distance. Ancien vicaire de son oncle, à Saint-Nizier, ensuite curé de de Fontaine-Saint-Martin, il se fit toujours remarquer par un caractère très doux, ainsi que par sa piété et sa charité. Il mourut à 75 ans, le 19 juin 1875. On raconte que M. Millou, son ami intime, qui était borgne, lui aurait dit un jour : « Nous deux, nous n'aurons pas beaucoup de peine à mourir ; car moi, je n'aurai qu'un œil à fermer, et toi tu n'auras pas beaucoup d'esprit à rendre. »

M. Peyrot (n° 26), né à Planfoy, est mort à soixante-trois ans, le 25 mars 1875. Professeur d'abord, ensuite vicaire à la grande église, à Saint-Etienne, et enfin aumônier des sœurs Maristes dans la même ville, telle fut la carrière de M. Peyrot. Prêtre bien doué, et surtout profondément vertueux, il fut, avant de mourir, éprouvé par un mal terrible, un cancer à la figure. Il supporta ce mal et les plus douloureuses opérations avec une résignation et une patience angéliques. Après un séjour de cinq ans à Vernaison, il fit la mort d'un saint. C'est en effet comme un saint que l'invoquent les religieuses infirmières.

M. Roiret (n° 20), né à Noirétable, vicaire à Ville-sur-Jarnioux, vint mourir à Vernaison, bien jeune, mais bien résigné, après six semaines de séjour, le 9 septembre 1876, à trente ans.

A ses derniers moments, ce jeune abbé prit entre ses mains un grand chapelet qu'il avait apporté d'un de ses pèlerinages et s'écria : « Sainte Vierge, ma Mère, je vous ai vénérée de mon mieux pendant ma vie, à vous maintenant de me protéger. »

M. Ducreux (n° 18), né à Pouilly-lès-Feurs, mourut sous-diacre à vingt-cinq ans, après cinq mois de séjour, le 30 septembre 1877. Il ne connut que les fleurs de la vie, et n'en sentit pas les épines ; il était plein de ferveur et de grâces.

M. Seux (n° 3), né à Saint-Apollinard, est mort, après sept semaines seulement de séjour, à quarante-six ans, le 25 avril 1878. Vicaire à Belleroche et à Pélussin, et curé à Villemontais, partout cet excellent prêtre, s'est montré aussi modeste que méritant. Il fit tapisser sa chambre à ses frais, et laissa, en signe de reconnaissance, mille francs à la maison.

M. Pousset (n° 27), mort le 28 août à quatre-vingt-quatre ans. Né à Bourges, et prêtre de ce diocèse, il fut vicaire à Saint-Amand, et curé au Blanc, et ensuite douze ans jésuite. Lorsqu'il fut incorporé au diocèse de Lyon en 1840, il devint aumônier de Jésus-Marie, à Fourvière. C'était un homme à belles manières, très correct, et pieux au point d'avoir toujours gardé son règlement du séminaire. Il mourut à Vernaison, après vingt-cinq ans de séjour. Il était tombé dans l'enfance les derniers temps, et se croyait encore à Jésus-Marie.

M. Jandet (n° 20), mort à vingt-neuf ans, le 9 mars 1879. Ce jeune abbé vint de l'Aubépin, où il était vicaire, à Vernaison, y passa quatre mois dans de vives souffrances, et s'éteignit dans les sentiments de la plus édifiante piété.

M. Bonnassieux (n° 20), n'était que sous-diacre, quand il vint mourir poitrinaire, à vingt-trois ans, dans les sentiments d'une angélique piété, le 31 mars 1879.

M. Garel (n° 20), né à Villechenève, vicaire d'abord chez son oncle, à Izieux, puis à Ville-sur-Jarnioux, vint à Vernaison en mauvais état, la jambe dans une gouttière, et y mourut à trente et un ans, dans de bien saintes dispositions, le 14 juillet 1879.

M. Guichard (n° 32), né à Saint-Genest-Malifaux, vicaire d'abord à Belleville, puis à Saint-Lager, vint à Vernaison avec une santé détruite. C'était un prêtre des plus vertueux, prêtre jusqu'au fond de l'âme, qui pendant douze ans fut l'édification de la communauté. Il aurait rendu certainement de grands services à l'Eglise si la santé le lui avait permis, mais Dieu en décida autrement et l'appela à lui le 10 décembre 1879, à l'âge de 46 ans.

M. Barret (n° 18), né à Lyon, curé de Saint-Romain-en-Gal, fut amené à Vernaison dans un état d'enfance complète. Il y mourut après un an de séjour, à 80 ans, le 9 mars 1880.

M. Plasse (n° 32), né à Lamure, avait été précepteur dans différentes maisons. Il mourut le 4 novembre 1880, à 28 ans, après un séjour de quinze jours, avec le vif regret de laisser sa mère sans soutien et sans ressources.

M. Geoffray (n° 41), né à Chasselay, vicaire d'abord à Chatillon-d'Azergues et à Serin, puis curé de Marcilly-d'Azergues, passa enfin vingt ans en faisant le bien dans l'aumônerie Colcombet, à Bourg-Argental. Prêtre très pieux et très édifiant, il vint mourir à Vernaison à 74 ans, après deux ans de séjour, le 15 juin 1881.

M. Ferrier (n° 20), né à Saint-Etienne, mort à 66 ans, le 19 juin 1881. Prêtre de mérite, ancien vicaire de Villefranche et ancien curé de Saint-Denis-de-Cabanes, mourut à Vernaison, après deux ans de séjour, plein de résignation et de mérites.

M. Fougerouse, après avoir été précepteur dans les maisons Mangini, Seguin et Meandre de Sugny, alla chercher la santé sous le ciel du Midi, puis vint mourir à Vernaison, après quelques mois de séjour, le 4 juillet 1881, à l'âge de 32 ans.

M. Cornillon (n° 23), né à Lyon, mourut le 8 août 1881, à 93 ans. Après avoir été vicaire à Seyzérieux (avant la scission du diocèse) à Saint-Haon-le-Vieux, puis curé à Saint-Cyr-sur-Rhône, à Sainte-Consorce et à Frontenas, il vint à Vernaison où il passa vingt-un ans. Il devait son titre de bachelier à un pensionnat de Cuire, où chaque année il passait quelques semaines.

Si cet excellent prêtre n'eut pas sur la terre de postes d'honneur, il en a acquis certainement un très beau là-haut dans le ciel, car c'était un homme de Dieu, un homme qui ne s'occupa jamais que de choses spirituelles.

M. Bertail (n° 9), né à Saint-Genest-Malifaux, mort le 19 décembre 1881, à 56 ans, était un ancien missionnaire d'Amérique, vicaire à la Nouvelle-Orléans. Ce très saint prêtre, lorsqu'il fut de retour dans le diocèse pour raison de santé, exerça quelque temps le ministère, en qualité de vicaire, dans la paroisse de Tarantaise, et vint ensuite malade à Vernaison, où il resta dix ans, jusqu'à sa mort. Il y fut toujours d'une salutaire édification ; dans l'intérêt de la maison, il s'occupait, à l'aide d'un tour qu'il avait installé, à réparer les meubles et les ustensiles. Le jour de sa mort, qu'il voyait arriver sans crainte, ce prêtre à la foi vive, fit prier toute la journée à ses côtés, jusqu'à son dernier soupir.

M. Fontvieille (n° 33), né à Saint-Etienne, après avoir été vicaire dans plusieurs paroisses, curé quelque temps à Grézieu-la-Varenne et aumônier à Saint-Sorlin, vint à

Vernaison où il mourut pieusement, après quatorze ans de séjour, le 30 janvier 1882, à l'âge de 68 ans.

M. Berlier, né à Doizieu, après avoir été dix ans professeur à Verrières, entra à Saint-Francois-de-Sales avec une santé épuisée. Il en sortit pour aller curé à Viricelles, mais y revint bientôt, pour y mourir après trois ans de séjour, le 31 mai 1882, à 41 ans. Prêtre pieux et aimable, à la conscience droite et délicate, il fut dans la maison un sujet d'édification et d'harmonie. Dans un pèlerinage qu'il avait fait à Lourdes, il avait demandé à la Sainte Vierge une double faveur : la guérison d'une de ses sœurs, mère de famille, s'offrant lui-même en victime à sa place, et la grâce de mourir pendant le mois de mai. Il fut exaucé sur les deux points ; sa sœur fut guérie, et lui mourut saintement le soir même du 31 mai.

M. Thien (n° 20), né à Saint-Priest-la-Vêtre, après avoir été alternativement placé ou hors d'emploi, vécut longtemps retiré à Lyon, puis fut curé quelque temps à la Chapelle-en-Lafaye, et vint mourir à Vernaison, après un an de séjour, peu connu, mais bien préparé, le 16 juin 1882.

M. Vernay (n° 16), né à Larajasse, fut d'abord vicaire à Amplepuis, et ensuite le premier curé d'Huissel ou Saint-Claude, un démembrement d'Amplepuis. C'est là toute la carrière sacerdotale, carrière modeste, du bon et pieux M. Vernay.

Lorsque j'ai demandé des détails sur sa vie à quelqu'un qui l'avait connu d'une manière particulière, on m'a répondu ceci : « M. Vernay ! c'est comme le Saint-Tabernacle ; on ne peut en approcher qu'avec respect pour adorer Dieu, et vénérer les grandes vertus qui étaient renfermées dans son cœur. » Que dire après cela de ce saint prêtre qui, depuis qu'il avait été oint et sacré, n'était jamais retourné dans sa famille, parce que le prêtre ne doit vivre que pour Dieu et briser tout autre lien ?

C'était le fidèle ami de M. Cornillon ; ensemble, ils récitaient le chapelet et s'occupaient de choses spirituelles.

Par suite d'une paralysie, prise à son poste, il ne pouvait plus célébrer la sainte messe, mais il y assistait chaque jour avec une grande piété, et la servait autant de fois qu'il le pouvait. On peut dire que sa vie entière se passait dans la prière et la méditation. La beauté de son âme se reflétait sur ses traits et sur toute sa personne ; c'était un superbe vieillard.

Il s'éteignit, après douze ans de séjour à Vernaison, le 18 avril 1883, à l'âge de quatre-vingt-treize ans. Ses anciens paroissiens de Saint-Claude vinrent réclamer sa dépouille mortelle, qu'ils emportèrent précieusement et qu'ils vénèrent comme une sainte relique.

M. Hébrard (n° 36), né à Firminy, fut le successeur immédiat de M. Vernay dans la cure d'Huissel. Il avait déjà été son successeur médiat dans le vicariat d'Amplepluis, et était destiné à le suivre de près, à 10 jours de distance, dans la tombe. Je lui souhaite d'avoir suivi la gloire ce bienheureux prédécesseur. Après avoir quitté la cure, il resta quelque temps prêtre assistant à la Rédemption, puis vint mourir à Vernaison, de mort subite, à cinquante et un ans, le 29 avril 1883, après un mois de séjour.

M. Pont (n° 21), né à Lyon, fut longtemps un collaborateur zélé de M. l'abbé Rey, dans sa belle œuvre pénitentiaire, à Oullins et à Cîteaux. Il en sortit sur ses vieux jours avec une pension, vécut quelque temps retiré à Saint-Bonaventure, et vint mourir saintement à Saint-François-de-Sales, après y avoir résidé cinq ans, le 14 septembre 1884, à l'âge de soixante-seize ans.

M. Alesmonière (n° 29), né à Charlieu, mourut le 30 octobre 1884, à soixante-dix-huit ans, après six ans de séjour dans la maison. Ce prêtre au cœur d'or et aux manières distinguées, même un peu recherchées, ancien vicaire de Saint-François, à Lyon, ensuite curé à Pouilly-sous-Charlieu, dissipa, par incurie, une jolie fortune, et vint mourir pauvre et le cerveau affaibli à Vernaison. Mais ce qu'il ne dissipa point, ce fut sa grande piété et sa solide vertu qui firent toujours de lui un sujet d'édification.

M. Journoud (n° 25), né à Farnay, après avoir rempli avec zèle les fonctions de professeur à l'Argentière et de vicaire à Notre-Dame de Fontaines, au Bon-Pasteur à Lyon, et à Saint-Charles à Saint-Etienne, vint mourir à quarante-cinq ans, d'une maladie de cœur, le 1er avril 1885, après un séjour de six mois.

M. Barralon (n° 20), né à Saint-Régis-du-Coin, après avoir été vicaire deux ans à Vernaison, mourut à vingt-huit ans d'une maladie de poitrine, le 28 mars 1886, après avoir séjourné un an dans la maison. Ce jeune prêtre, vrai saint Louis de Gonzague, avait toutes les vertus et les qualités requises pour faire beaucoup de bien dans la vigne du Seigneur; mais, hélas! il fut arrêté au commencement de son sillon, et alla jouir des mérites qu'il avait acquis pendant son bien court passage ici-bas.

M. Nicolas (n° 46), né à Chavanay, entra déjà vieux dans les ordres sacrés. Il fut vicaire à Colombier et à Saint-Denis-sur-Coise, et vint à différentes reprises à Vernaison, où il s'éteignit doucement, le 31 mars 1886, à 74 ans.

M. Garde (n° 16), né à Chavanay, fut un prêtre vertueux autant que modeste et simple, et toujours l'homme du devoir. Après avoir été vicaire à Longessaigne et à Grézieux, puis curé à Saint-André-la-Côte et aux Hayes, il vint, le cerveau bien affaibli, mourir à Saint-François-de-Sales, après trois ans de séjour, le 21 novembre 1886, à 74 ans.

M. Arthaud (n° 7), né à Verrières, fut successivement vicaire à Saint-Priest-la-Prugne, à Gumières, Grigny et Saint-Symphorien-de-Lay. Il vint ensuite à Vernaison, où il passa onze ans dans les plus vives souffrances. Ce prêtre, aussi vertueux que modeste, fut dans la maison un sujet d'édification profonde. Il mourut pieusement, d'un emphysème, le 29 avril 1887, à l'âge de 49 ans.

M. Noir (n° 20), né à Valbenoîte, fut un vertueux et saint prêtre, ancien curé de Fontanez et de Périgueux, qui vint, après cinq ans de séjour, mourir bien affaibli, à Vernaison, le 21 juin 1887, à 79 ans.

M. Michon (n° 21), né à Saint-Just-la-Pendue, était un prêtre intelligent et distingué. Après avoir été longtemps jésuite, il rentra dans le diocèse, fut vicaire à Saint-Ennemond, à Saint-Etienne, puis curé à Marcenod, et vint mourir à 64 ans à Vernaison, dans les sentiments de la plus vive piété, le 26 août 1887.

M. Maridet (n° 7), né à Champoly, prêtre aimable et vertueux, qui, après avoir été vicaire à Saint-Priest-la-Prugne et à Saint-Ennemond de Saint-Etienne, aumônier à l'Antiquaille et curé à Moulins-Chérier, vint à Saint-François-de-Sales, atteint d'une maladie de cœur, Il combattit vaillamment le mal, et dès qu'il se sentit mieux, il se crut guéri et demanda à aller de nouveau travailler à la vigne du Seigneur. Il fut en conséquence nommé curé de Jarnioux, mais le mal reparut bientôt, et le pieux abbé revint à Vernaison mourir dans les sentiments de la foi la plus vive, le 16 décembre 1887, à l'âge de 56 ans.

M. Berthon (n° 17), né à Saint-Etienne, fut curé à Epercieux et à Saint-Cyprien. Il demeura onze ans dans la maison, en proie à la singulière maladie de l'ataxie, qui le poussait à reculer jusqu'à ce qu'il rencontrât un obstacle. Il mourut à 71 ans, le 24 janvier 1388.

M. Jusseaux (n° 21), né à Lyon, n'était que diacre lorsque Dieu l'appela à lui, le 6 juin 1888, à l'âge de 24 ans, après un an de séjour dans la maison. Ce jeune abbé, bien doué et d'une ferveur exemplaire, fit une mort angélique. Pendant sa maladie, il éprouva le plus vif regret de ne pouvoir monter au saint autel.

M. Moncorger (n° 18), né à Arcinge, mourut le 24 septembre 1888, à l'âge de 55 ans. Ce prêtre, modeste et pieux, fut vicaire à Saint-Bonnet-le-Château, à Saint-Louis à Saint-Etienne, à Saint-Pierre à Lyon, puis curé à Montagny (Rhône). Il vint à Vernaison la tête affaiblie ; il y mourut saintement après un séjour de huit ans.

M. Largeron (n° 21), né à Firminy, mort le 29 octobre 1888, à l'âge de 57 ans. Prêtre très intelligent, qui avait brillé dans ses études et dans les concours, mais d'une nature peut-être trop systématique, M. Largeron vint à Vernaison, après avoir été professeur aux Minimes, vicaire à Oullins, Roanne et Montbrison et curé à Saint-Romain-au-Mont-d'Or. Après trois mois de séjour, il y mourut d'une maladie de cœur.

M. Duperray (n° 18), né à Saint-Just-d'Avray, mort à 90 ans, le 15 novembre 1888. Ce bon et saint prêtre, à la figure éminemment sacerdotale, avait été longtemps un pasteur modèle à Joux, puis s'était ensuite retiré à Cogny. Il vint finir ses jours à Saint-François-de-Sales dans les sentiments les plus édifiants, après y avoir demeuré pendant sept mois seulement.

M. Ollagnier (n° 20), né à Marlhes ; mort le 2 février 1889, à l'âge de 44 ans. Ancien professeur de Montbrison, vicaire à La Fouillouse, à Saint-Louis de la Guillotière, et aumônier à Lorette, M. Ollagnier vint à Vernaison bien malade, il mourut d'une maladie de cœur après trois mois de séjour.

M. Petit (n° 18), né à Saint-Etienne, mort le 12 février 1889, à 61 ans. D'abord vicaire à Cellieu et à l'Immaculée-Conception, ensuite aumônier à Grandris, ce prêtre intelligent et pieux perdit la santé par suite d'une fièvre typhoïde. Il vint à Vernaison, où il mourut après quinze ans de séjour dans les sentiments d'une vive piété.

M. Tardy (n° 17), né au Bessat, mort à 85 ans, le 22 avril 1889. Ce prêtre simple et pieux, après avoir été longtemps professeur à Verrières, curé à Saint-Vérand, puis prêtre retiré à Lyon, vint mourir à Saint-François-de-Sales, après sept mois de séjour, le soir du saint jour de Pâques. Il avait encore, le matin même, célébré la sainte Messe.

M. Verrier (n° 16), né à Lyon, mort à 80 ans, le 16 mai 1889. Ce prêtre pieux et bon, ancien curé de Charly, demeura neuf ans dans la maison, où il fut, jusqu'à sa mort, un sujet de grande édification.

M. Durand (n° 18), né à Montbrison, ancien jésuite, puis curé de Saint-Pierre-la-Noaille, mourut à 67 ans, après cinq jours passés dans la maison, le 2 juin 1889.

M. Guillermain (n° 7), né à Saint-Germain-Laval, prêtre aimable, intelligent et pieux ; il avait été vicaire à Pradines et passa douze ans dans la maison. Il subit courageusement l'opération douloureuse de la trachéotomie, et survécut encore un an, complètement aphone. Il mourut dans les sentiments de la foi la plus vive, et avec la plus complète résignation, à 43 ans, le 7 juillet 1889.

M. Trillat (n° 16), né à Lyon, ancien professeur aux Chartreux, frère de MM. Trillat, musiciens bien connus à Lyon pour leur grand talent, et musicien lui-même, était un prêtre d'un mérite supérieur et d'une tendre piété. Il ne passa que trois mois dans la maison et mourut d'une maladie de cœur, bien préparé et plein de la plus chrétienne résignation, à 45 ans, le 22 août 1889.

M. Gout (n° 20), ancien vicaire de Saint-Georges à Lyon, curé de Châtillon, de Saint-Romain-en-Jarez et de Saint-Cyr-de-Vallorges, arriva fatigué dans la maison, où il ne resta que vingt jours. Il s'y trouvait très heureux, mais la mort l'enleva le 21 septembre, à l'âge de 56 ans ; il l'accepta dans de saintes dispositions.

M. Salesse (n° 28), né à Rive-de-Gier, ancien vicaire de Rozier, de Saint-Georges à Lyon, aumônier à la Solitude et au Bon-Pasteur, était un homme studieux et un prêtre intérieur, qui ne s'occupait guère que des choses spirituelles. Il fit, après six mois de séjour, une mort très édifiante, le 24 septembre 1889, à 65 ans.

M. Théru (n° 16), né à Theizé, et mort le 28 décembre 1889, à l'âge de 74 ans ; prêtre bien complet qui ne passa dans la maison que six semaines et fit une très sainte mort.

M. Granjon (n° 33), né à Larajasse, mort à 74 ans, le 18 mai 1890. Ce bon et saint prêtre, ancien curé de Rochetaillée (Loire), fut, pendant les dix-huit mois qu'il resta dans la maison, un sujet d'édification ainsi qu'il l'avait toujours été dans l'accomplissement de son ministère. Il s'intéressa vivement à Vernaison et en fut un digne bienfaiteur, comme l'atteste l'inscription de son nom sur le Tableau des Bienfaiteurs. Après une vie bien remplie, il mourut dans les sentiments de la foi la plus vive et avec la consolante espérance des saints.

M. Cheminal (n° 20), né à Bussy-Albieux, ancien vicaire de Machezal et curé de Sail-sous-Couzan, prêtre tout à son devoir, passa un an dans la maison où il fit une sainte mort à l'âge de 74 ans, le 2 février 1891.

M. Mestrallet (n° 24), né à Termignon (Savoie), prêtre du diocèse de Maurienne, fut pendant trente ans professeur au collège de Saint-Jean-de-Maurienne, puis retiré quelque temps à Rome, aumônier à Nice, et enfin pensionnaire à Vernaison pendant vingt et un ans.

Ce digne et saint prêtre restera pour la maison comme une précieuse relique. Homme de grand savoir, de bon conseil et d'une rare prudence, il faisait le bien autour de lui et imprimait un bon esprit à tout ce qui l'approchait. Il donna un jour un grand exemple d'humilité : Il avait eu une discussion un peu vive avec quelques uns de ses confrères et y avait mis une certaine acrimonie. Mais, dès que la réflexion lui fut revenue, il se mit à genoux devant tous ses confrères et demanda pardon du mauvais exemple qu'il venait de donner. Il mourut de la mort des saints le 15 avril 1891, à 76 ans.

M. Baralon (n° 21), né à Saint-Etienne, artiste plus que pratique, fut professeur à Verrières, vicaire dans diverses paroisses, et curé à Saint-André-la-Côte et à Albigny. Il vint mourir en paix à Saint-François-de-Sales, après deux semaines de séjour, à 59 ans, le 5 janvier 1892.

M. Duvernay (n° 12), né à Saint-Didier-sur-Beaujeu, fut vicaire à Villechenève, Thurins, Cogny, Saint-Laurent-de-Chamousset, et curé à Sainte-Croix. Il passa à Vernaison une douzaine d'années et mourut bien préparé, le 5 janvier 1892, à 58 ans.

M. Jobard (n° 62), né à Saint-Paul-en-Jarez, fut pendant seize ans professeur au séminaire de Montbrison et ensuite précepteur dans des maisons bourgeoises, en particulier chez M. le comte de Charpin-Feugerolle. Il vint à Vernaison, y vécut trois ans et demi d'une vie bien édifiante et mourut à 63 ans, le 5 janvier 1892.

M. Tissot (n° 16), né à Lavalla, prêtre très vertueux et

très gai, à l'esprit un peu gaulois, remplit un ministère fructueux à Saint-Victor-sur-Loire et à Echalas, comme vicaire et comme aumônier chez les Frères de la montée Saint-Barthélemy. Il fut ensuite curé à Ronzier-en-Donzy où il fit bâtir une magnifique église, puis curé de Balbigny. Il vint terminer sa carrière à Vernaison, et y apporta, avec sa piété, sa bonne gaîté, qu'il garda jusqu'à la fin. Il mourut d'une attaque de paralysie, dans les sentiments d'une foi très vive, après deux ans et demi de séjour, le 11 avril 1892, à 82 ans.

M. Duiosson (n° 7), né à Firminy, mourut le 11 juin 1892 d'une maladie de poitrine, à l'âge de 29 ans. Ce jeune prêtre, ancien professeur à la manécanterie de Sainte-Marie à Saint-Etienne, était très bien doué et certainement un homme d'avenir. Mais il fut enlevé de bonne heure, après un an de séjour dans la maison, où il laissa le bon exemple et un excellent souvenir.

M. Roche (n° 18), né à Haute-Rivoire, est mort d'une maladie de cœur, le 23 novembre 1892, à 58 ans. Ancien vicaire du Chambon, curé de Burdigne et aumônier de la maison Descours à Saint-Paul-en-Cornillon, partout ce prêtre vertueux fit le bien. Il vint mourir saintement à Vernaison, après trois semaines de séjour.

M. Teissier (n° 20), né à Valbenoîte, est mort à 68 ans le 22 décembre 1892. Ce prêtre zélé eut une vie très agitée. Il exerça d'abord le ministère en Algérie, puis se fit mariste. Il rentra dans le diocèse, fut vicaire à Firminy, curé à Lozanne et à Unieux, et enfin chapelain à la cathédrale où il était heureux de faire entendre sa belle voix. Il vint terminer sa carrière à Vernaison, après onze ans de séjour dans la maison.

M. Chaland (n° 21), né à Allieux, et mort le 7 janvier 1893, à 75 ans, après un séjour de trois mois dans la maison. Après avoir été vicaire et curé dans différentes paroisses, ce prêtre, qui ne manquait pas de talent, mais plutôt de tenue, se retira dans la maison paternelle à Allieux et y vécut vingt ans dans la négligence et l'abandon. Dieu lui fit une grande grâce en l'amenant à Vernaison, où il mourut bien préparé et dans de bonnes dispositions.

M. Thimonier (n° 6), né à Veauche et mort le 19 janvier 1893, après un an de séjour dans la maison, à l'âge de 28 ans. Ce jeune prêtre, admirablement doué au physique et au moral, venait des Chartreux et donnait de belles espérances pour l'avenir. Dieu en disposa autrement; il mourut jeune, plein de résignation et de courage.

M. Dupuis Alphonse (n° 6), né à Grandris, mort le 17 juillet 1893, à 46 ans. Ce jeune prêtre plus zélé que solide, fut d'abord vicaire à Lentilly, puis aumônier des sœurs Saint-Joseph en Corse, directeur aux Minimes, et enfin curé à Taluyers. Entre temps, il vint quatre fois différentes résider à Vernaison, et y mourut dans les sentiments de la foi la plus vive. A ses derniers instants, après avoir dit adieu à ses parents, et à tous les prêtres de la maison, il ajouta : « Maintenant, retirez-vous ; je ne veux avoir à faire qu'à Dieu seul. » Et il se recueillit en Dieu pendant de longues heures, et jusqu'à son dernier soupir, il n'ouvrit plus les yeux et ne s'occupa plus des choses d'ici-bas.

M. de Limoges (n° 20), né à Pomeys, mort le 19 août 1803, à l'âge de 65 ans. Ce digne chanoine, ancien vicaire de la cathédrale, et ancien curé du Sacré-Cœur, à Lyon, fut le premier prêtre du diocèse à fonder une prébende à l'effet de remplacer les traitements des chanoines supprimés par extinction ; et ce bon exemple a été suivi depuis par un grand nombre d'autres. Le chanoine de Limoges vint à Vernaison dans un état de dépérissement complet et y mourut après deux mois et demi de séjour. C'était un prêtre aimable et édifiant, qui avait l'intention, si la mort n'était venue trop tôt, de faire bon usage de sa grande fortune.

M. Clerc (n° 6), né à Collonges, mort le 8 octobre 1893, à l'âge de 51 ans. Prêtre intelligent et zélé, mais d'une mauvaise santé, fut vicaire quelque temps à Saint-Foy-lès-Lyon, donna ensuite des leçons particulières et vint s'éteindre à Vernaison, après trois mois de séjour.

M. Dumas (n° 6), né à Longessaigne, mort le 16 novembre 1898, à 79 ans. C'était un très saint prêtre. Professeur d'abord à Verrières, puis vicaire à Soleymieux et à la Croix-Rousse, curé à Morancé et à Lay et enfin chapelain à la cathédrale, partout il fut l'homme de Dieu. A Vernaison où il est resté treize ans, il était appelé le paratonnerre de la maison. Et lorsque ses facultés se furent affaiblies, le bon Père Dumas, comme par l'effet de la force acquise, continua jusqu'à la fin à dire ses chapelets, de faire des chemins de croix sans jamais omettre un *Ave Maria*, ni supprimer une génuflexion.

M. Simonin (n° 9), né à Saint-Vincent-de-Boisset, mort le 16 novembre 1893, à 97 ans. Après son ordination, ce prêtre jeune et plein de zèle, partit, avec quelques amis, pour le diocèse de Nevers qui manquait de prêtres. Il y fut longtemps professeur au Grand Séminaire, et fut nommé chanoine honoraire. Il exerça ensuite les fonctions d'aumônier et de curé dans le même diocèse, composa entre temps quelques opuscules, et fit une classification du dictionnaire de Feller. Enfin, après un séjour d'un an à Rome, il entra dans le diocèse de Lyon, fut quelque temps aumônier à la Croix-Rousse, puis vint à Vernaison, où il resta jusqu'à sa mort, une mort très édifiante. Il ne put arriver à son siècle, ainsi que, peu de temps auparavant, le lui avait souhaité Mgr le Cardinal Couillé ; et M. Simonin avait répondu : « Je ne demande pas mieux ». Il lui manquait trois ans.

M. Jaunery (n° 27), né à Regnié ; mort à 66 ans, le 12 avril 1894.

Prêtre d'un grand cœur et d'une édifiante piété, il passa sa carrière sacerdotale tout entière aux Minimes, où il se distingua par son aptitude spéciale à élever les jeunes gens. Il mourut à Saint-François-de-Sales, après un séjour de dix-huit mois, dans les sentiments de la foi la plus vive.

M. Cholleton (n° 16), né à Lyon, mort le 17 juillet 1894, à l'âge de 79 ans.

Quelle bonne figure que le père Cholleton ! Il passa la première partie de sa vie de prêtre, en qualité de professeur, aux Minimes, et la seconde comme aumônier de la Visitation ; partout il fut aimé et apprécié. Il perdit, sur la fin de sa vie, la belle fortune dont il avait fait toujours un si bon usage ; ce revers ne lui fit pas perdre sa bonne humeur et ne servit qu'à le rapprocher davantage de Dieu. Il passa dix-huit mois à Vernaison, avec une santé de plus en plus affaiblie, mais sa ferveur n'en fut en rien diminuée. Ne pouvant lire son bréviaire, il récitait presque continuellement son beau chapelet qu'il portait pendu à son cou : « Avec ça, disait-il, on ne peut s'ennuyer. » Il mourut dans les sentiments d'une piété angélique.

M. Thomas (n° 42), né à Lyon, mort à 23 ans, le 23 juillet 1894. Ce bon et saint jeune homme n'était que diacre ; il vint du Grand Séminaire à Vernaison, et y fit, après un séjour de dix jours, une mort très édifiante.

M. Charrat (n° 23), né à Belleville, mort le 20 novembre 1894, à l'âge de 34 ans.

C'était un prêtre admirablement doué à tous les points de vue, et d'un bel avenir. Pieux comme un saint Louis de Gonzague, studieux comme un bénédictin, il ne lui manqua que la santé. Il a écrit lui-même dans ses mémoires une parole qui le résume tout entier : « Le bon Dieu a bien contrarié mes goûts et mes rêves d'avenir ; mais vraiment il m'a fait la meilleure part, et, si j'avais maintenant à choisir, je ne prendrais pas autre chose que ce qu'il m'a donné. » Après avoir été aumônier des frères à Caluire, et avoir passé quelque temps dans un sanatorium des Pyrénées, il vint à Vernaison. Sa famille cherchait à l'en dissuader et à le garder auprès d'elle : « Non, répondit le saint abbé, je veux mourir au milieu de mes frères, les prêtres de Vernaison. » Ses vœux furent exaucés ; il mourut pieusement, entouré de ses confrères, à l'heure qu'il avait annoncée lui-même dès le matin, après deux mois de séjour dans la maison. Il était en pleine connaissance, gai et souriant, comme un voyageur rempli d'espérance qui va rentrer dans sa patrie. Ce fut une mort sans amertume.

M. Chermette (n° 21), né à Valsonne, mort le 6 avril 1895, à 27 ans.

Encore un saint Louis de Gonzague! Prêtre depuis moins de trois ans, vicaire quelques mois à Saint-Victor-sur-Rhins, ce jeune abbé ne connut guère le mal, et mourut plein d'innocence et de piété, après vingt mois de séjour à Vernaison. Dans sa reconnaissance pour les services que lui rendaient les sœurs infirmières, il leur promettait de leur préparer une place dans le ciel. Il remerciait Dieu de l'avoir fait souffrir; mettait en la Sainte Vierge toute sa confiance, et avait, en son honneur, demandé de mourir un samedi, et il mourut un samedi soir, l'âme tout imprégnée d'espoir et de résignation.

Mgr Dubuis (n° 4), évêque de Galveston, né à Coutouvre, le 5 mars 1817; mort le 21 mai 1896. Ordonné prêtre à Lyon le 6 juin 1844, et nommé vicaire à Fontaine-Saint-Martin, le jeune abbé, vigoureux, hardi, et brûlant de zèle pour la gloire de Dieu et pour la propagation de la foi, se sentit bientôt appelé aux missions lointaines.

Un an après, en 1845, il partit pour le Texas, avec Mgr Odin, l'évêque de Galveston. Pendant le voyage, le capitaine de vaisseau, plein d'intérêt pour ce jeune homme, apprenant qu'il se rendait au Texas, lui dit : « Il faut que vous ayez tué père et mère, sinon vous ne quitteriez pas votre belle France pour aller dans ce repaire de brigands. » Le capitaine ignorait les motifs qui guidaient le jeune missionnaire, et avait un peu raison; car, à cette époque, on ne pouvait voyager dans ces régions qu'avec un revolver à six coups ou un fusil à deux coups. Ce pays est aujourd'hui bien changé; on y voit des églises, des écoles, un hôpital, un orphelinat, etc. Et celui qui a travaillé avec le plus de succès à cette transformation, c'est précisément le jeune prêtre auquel le capitaine de vaisseau adressait les paroles ci-dessus.

L'abbé Dubuis travailla d'abord à Castroville, où était établie, sous des huttes, une colonie française d'Alsaciens. Aidé du père Chazelles, un Lyonnais comme lui, il accomplit là des prodiges, non seulement pour évangéliser, mais aussi pour abriter ses fidèles, et pour ériger son logement qu'il construisit en grande partie de ses propres mains, ainsi qu'une petite chapelle, qui existe encore comme témoignage de son indomptable énergie. Dans un effort extraordinaire qu'il fit pour soutenir une pièce de bois, il contracta une foulure dont il se ressentit jusqu'à la fin de ses jours.

Il eut, à Castroville, la douleur de perdre le père Chazelles, son compagnon, qui fut emporté par une mort tragique. Les deux missionnaires étaient atteints de la fièvre maligne, et tous deux en danger de mort. Ils tirent au sort lequel des deux dira la sainte messe pour les faire communier. Le sort tombe sur l'abbé Dubuis, qui, à grand'peine, dit la messe. Le père Chazelles communie et meurt ; et le mourant enterre le mort. Le père Dubuis, grâce à sa forte constitution et par une faveur spéciale du ciel, revient à la vie ; il est réservé pour d'autres travaux et d'autres combats.

Il était vicaire général, en résidence à San Antonio, lorsque Mgr Odin, son évêque, promu à l'archevêché de la Nouvelle-Orléans, le désigna pour son successeur. Mgr Dubuis fut sacré à Lyon, dans la chapelle du grand séminaire, par le Cardinal de Bonald, le 23 novembre 1862.

C'est alors que le nouveau pontife, rentré dans son diocèse de Galveston, donna toute la mesure de son énergie et de son zèle. Combien de luttes n'eut-il pas à soutenir! Combien de privations et d'angoisses n'eut-il pas à endurer ! Mais aussi, combien d'actes héroïques ! Ce vaillant soldat ne craignait que Dieu seul ; la souffrance le rendait plus fort, et la mort lui eût été un gain.

Un jour qu'il avait été fait prisonnier par une troupe de féroces Comanches, il fut lié en travers sur un cheval pendant une journée entière. Dans cette position pénible, il s'adressa à son gardien, et lui dit :

« Va dire à ton chef que je le méprise. » Le gardien s'acquitta de la commission, et le chef, s'avançant, eut avec son prisonnier le dialogue suivant :

« Pourquoi que tu me méprises ? — Parce que tu m'as arrêté. — J'en ai le droit : je suis chef. — Et moi aussi, je suis chef ; je suis chef du grand Esprit. — Pourquoi que tu ne l'as pas dit ? — Pourquoi que tu ne l'as pas demandé ? »

Et alors le chef comanche, avec de grandes marques de respect et de déférence, relâcha le missionnaire.

En 1842, époque de la fondation du diocèse de Galveston, Mgr Odin, premier évêque, n'avait que quatre prêtres. Et trente ans plus tard, en 1874, lorsque le diocèse de San Antonio et le vicariat apostolique de Bruxoville furent formés sur le diocèse, on ne comptait pas moins de cinquante-cinq églises et chapelles, quatre-vingt-trois prêtres, un très grand nombre de communautés, un hôpital, des orphelinats et cent mille catholiques.

Ces chiffres sont d'une grande éloquence, et proclament à haute voix le zèle et l'énergie de Mgr Dubuis et de son saint prédécesseur.

Le nom de Mgr Dubuis est destiné à occuper une place d'honneur dans l'histoire du catholicisme aux Etats-Unis ; il est digne d'être inscrit dans les annales, auprès de ceux des Marquette, des Neumann, des Flaget, des Dubourg et des Odin.

En 1869, le vaillant évêque assista au Concile du Vatican, et, à son retour dans son diocèse, il fut reçu en triomphe par la population.

Mais sa santé s'affaiblissait, et, dans la crainte de ne pouvoir suffire à sa tâche, il demanda un coadjuteur. On lui donna Mgr Dufal, ancien évêque du Bengale, qui démissionna au bout de deux ans, en 1880.

En 1881, le vieil évêque obtint enfin le repos désiré, et vint à Lyon où il passa les dernières années de sa vie, en rendant service au diocèse, en faisant le bien, comme le Bon Maître : *transiit benefaciendo*.

Cependant, il restait toujours évêque de Galveston. Ce n'est qu'en 1893 que, sur la demande de Rome, il démissionna et obtint le titre d'évêque d'Arca (Arménie) *in partibus infidelium*.

Il était entré, le 24 septembre 1888, dans la Maison de Retraite de Saint-François-de-Sales, à Vernaison, et c'est là qu'il finit sa carrière en édifiant les prêtres par sa franche et solide piété, par son exactitude aux exercices de la communauté, en même temps qu'il les égayait par sa bonne et joviale humeur.

Il ne sortait de sa retraite que lorsqu'il en était requis pour quelque confirmation et quelque cérémonie religieuse, ou bien encore pour se procurer des secours pour les écoles libres et religieuses de ses chères paroisses de Coutouvre et de Belmont. Il y consacrait jusqu'à son dernier sou, et ne gardait pour lui pas même un denier. La pension que devait lui payer son ancien diocèse, il ne la touchait jamais ; elle passait dans les communautés pauvres qu'il avait fondées dans le Texas. Il continuait dans la retraite sa vie dure de missionnaire ; par vertu, par habitude, et aussi à cause de son rhumatisme goutteux, il ne se couchait pas ou très peu et jamais dans un lit. Il menait la vie frugale d'un anachorête, et professait toujours le même mépris de la mort. Il avait dit souvent qu'il voulait mourir les armes à la main et non dans son lit; et c'est ce qui arriva : il mourut sur son fauteuil, de son rhumatisme aigu, sans pousser une plainte, et avec une foi à transporter les montagnes. Il avait grande confiance en la Sainte Vierge, comptait sur sa toute-puissante protection et ne doutait pas de son salut.

Le bon évêque se montra toujours plein de reconnaissance pour la maison qui, pendant sept ans, avait généreusement abrité ses vieux jours, et une de ses dernières paroles fut celle-ci, qu'il adressa au supérieur de l'établissement : « Aimez bien cette maison, car elle est destinée à faire beaucoup de bien. »

Sa dépouille mortelle, réclamée par sa paroisse natale, fut transportée à Coutouvre, et reçue solennellement comme une relique vénérée par le clergé et la population de toute la contrée, accourus à la cérémonie. Elle repose, en attendant la résurrection glorieuse, sous la grande croix du cimetière.

Le Cardinal Coullié, qui avait toujours témoigné au saint évêque missionnaire une vive sympathie et qui aimait cette âme ardente, fut profondément affligé de cette mort, et adressa à son clergé une circulaire où, après avoir fait un éloge bien senti du vieil athlète, il annonça pour le défunt un service solennel, qui fut célébré dans la cathédrale et auquel il assista avec tout son Chapitre.

Les journaux d'Amérique ont fait de leur ancien évêque, à l'occasion de sa mort, des éloges dithyrambiques. « Qui pourrait, disent ils, oublier un des plus grands bienfaiteurs de notre Etat? Claude-Marie Dubuis, il est vrai, ne s'est point battu, le fusil à la main, pour l'indépendance du Texas; il a fait plus encore. Il s'est battu contre le plus grand ennemi du genre humain, le prince des ténèbres. Il a, comme prêtre et comme évêque, planté la croix dans un grand nombre de lieux que jamais aucun prêtre n'avait connu auparavant. Le bien qu'il a fait à nos pères, à nos mères, et par eux aux plus jeunes d'entre nous, est si grand, qu'essayer de le décrire, serait plutôt l'amoindrir, tellement on resterait loin de la vérité. » Ces journaux terminent en disant avec nous : *Requiescat in pace.*

M. Paret, né à Chuyer, mort le 11 juin 1895, à l'âge de 69 ans. Un saint prêtre qui, soit comme préfet à Saint-Jodard, soit comme vicaire à Colombier et comme curé à Verlieux, ne travailla que pour la plus grande gloire de Dieu. Il mourut d'un affaiblissement général, après un an de séjour dans la maison.

M. Rochet, né à Perreux, vint à diverses époques dans la maison, et y habita longtemps en se montrant toujours très charitable pour ses confrères. Il fut entre temps professeur à Montbrison, vicaire et trappiste. Il mourut dans le cours d'un voyage à Paris, le 10 novembre 1895, à l'âge de 72 ans.

M. Brun, quatrième supérieur de la maison, né à Marlhes, et mort le 2 janvier, à l'âge de 85 ans.

C'était un saint prêtre, qui après avoir été vicaire à Maclas, à Saint-Jean-Soleymieux, et secrétaire à l'archevêché pendant vingt-cinq ans, fut nommé supérieur de Saint-François-de-Sales. Pendant les vingt-quatre ans qu'il exerça ses fonctions, il fit à Vernaison des améliorations nombreuses, ainsi qu'il a été dit ailleurs. Il s'était démis de sa charge, trop lourde pour son âge, trois ans et demi avant sa mort, et, retiré dans sa chambre, il se préparait par la prière et la souffrance à son éternité. Dans la répartition de sa modeste fortune, entre son frère et ses neveux, il n'oublia pas sa chère maison de Vernaison, et remit à son successeur une belle réserve pour des réparations projetées. Il s'éteignit doucement, dans les sentiments de la foi la plus vive et de la plus tendre piété.

M. Génébrier, né à Chalain-d'Uzore, ne passa que six jours dans la maison, où il vint, à bout de forces, pour y mourir saintement, le 10 mars 1896, à 39 ans. Il avait fait le bien en qualité de vicaire à Fourneaux, Cublize et Lorette.

M. Gas (n° 10), né à Soucieux-en-Jarez, mort le 22 mars 1896, à 46 ans, après treize ans de séjour dans la maison. Je sens le besoin de me recueillir avant d'entrer dans le sanctuaire de cette belle âme et de parler de cette sainte vie. La *Semaine religieuse* donnait sur M. l'abbé Gas, au moment de sa mort, l'article nécrologique suivant, que je cite en entier :

« Il vient de mourir à Vernaison, dans la Maison de Saint-François-de-Sales, un prêtre jeune encore, qui a passé dans cet asile de longs jours, sans faire de bruit, mais non sans faire du bien.

« M. l'abbé Gas, né à Soucieu-en-Jarez, avait d'abord rempli à Fontaine-Saint-Martin un ministère fructueux, en qualité de vicaire. Mais il fut frappé d'une cruelle maladie qui lui enleva l'usage de ses jambes.

« C'est dans cet état de souffrances continuelles qu'il a vécu pendant treize ans, sans jamais laisser échapper une plainte et en édifiant les vétérans du sacerdoce autant par sa vive piété que par son admirable résignation.

« Il remplissait dans la maison, on peut le dire, un

vrai ministère, soit par ses bons conseils, soit par son zèle au service de ses confrères infirmes.

« Chaque jour il faisait aux aveugles la lecture spirituelle et la lecture du journal ; et il avait toujours à leur donner, comme bouquet spirituel, une bonne parole de consolation. »

« Ceux qui ont fréquenté la maison se souviendront de l'avoir vu circuler dans les corridors, sur un fauteuil roulant qu'il faisait manœuvrer avec habileté, lorsqu'il allait visiter un malade.

« Il était plein de reconnaissance pour les services qui lui étaient rendus, et il a déclaré souvent qu'il ne pourrait jamais témoigner assez de gratitude à cette chère maison et à ses bienfaiteurs.

« Sa Grandeur Monseigneur l'archevêque lui avait dit un jour, avec sa grâce ordinaire, qu'il méritait autant et peut-être davantage en souffrant qu'en travaillant. Il a gardé jusqu'à sa fin le souvenir de cette bonne parole. »

« Dieu l'a déjà ratifiée, cette bonne parole, et tandis qu'il récompense dans la gloire cette vie modeste, mais bien remplie, les prêtres de la Maison de Saint-François-de-Sales conservent le souvenir précieux de son passage et de ses vertus. »

J'aurais, si l'espace ne me manquait, à ajouter beaucoup à cette biographie trop abrégée. Je parlerais de son amabilité à recevoir chez lui tout le monde, à n'importe quelle heure, de sa douce et intéressante causerie, de son jugement droit, de sa charité qui allait de pair avec sa piété.

Il était si admirablement doué que c'était l'homme de ressource universelle ; on faisait sans cesse appel à ses connaissances étendues ; on le voyait dessiner et broder des tapisseries, faire des dentelles qu'on admire, restaurer et recouvrir les canapés de la maison ; il était musicien, il était peintre à ses heures, sans jamais avoir pris de leçons. Il semblait vraiment que pour lui Dieu eût compensé du côté de l'esprit ce qui lui manquait du côté du corps et de la santé.

Depuis dix ans, ce prêtre intéressant n'avait pu sortir de la maison lorsque, en 1893, on lui procura une petite voiture en osier, attelée de sa chère petite ânesse Lisette, ainsi qu'il l'avait lui-même nommée. Dès lors, il put aller, dans ce véhicule où on le déposait, se promener dans le clos et même au dehors sur la route. Qui pourrait décrire le bonheur dont il débordait dans ces sorties intéressantes ?

Aujourd'hui, lorsque les bonnes religieuses ont une grâce à demander au ciel, elles ne manquent pas de s'adresser à M. l'abbé Gas. Elles ont raison, car c'est bien un saint qu'elles invoquent. Ceci dit tout sur ce cher défunt : *Requiescat in pace.*

M. Rochette (n° 4), né à Lyon, mort le 2 octobre 1896, à l'âge de 86 ans, après dix-huit mois de séjour. C'était une bonne figure que cet excellent vieillard. Bon et gracieux, avec une intelligence bien conservée et des goûts artistiques, il plaisait à tout le monde et était recherché par tous. Il avait été vicaire à Grandris, curé à la Chassagne et à Ternand, et partout il s'était montré l'homme de Dieu et l'ami dévoué de son peuple. Il vint à Vernaison bien affaibli et s'éteignit saintement sans douleur. Les derniers temps de sa vie, ne pouvant plus, selon son habitude, faire ses visites au Saint-Sacrement, il restait presque continuellement recueilli et en extase devant son crucifix. Et lorsqu'il fut cloué dans son lit, il demeura de même, en adoration, son crucifix à la main, jusqu'à son dernier soupir.

M. Chabert (n° 39), né à Lamure, mort après trois mois de séjour dans la maison, le 10 mars 1897, à 69 ans.

Ce digne et saint prêtre avait été vicaire à Saint-Pothin, aumônier à la Solitude, puis curé à Saint-Igny-de-Vers et à Saint-Genis-les-Ollières. Il vint à Saint-François-de-Sales avec une maladie de cœur très avancée qui lui procura une attaque de paralysie dont il mourut. Il ne pouvait assez témoigner sa reconnaissance pour les soins dévoués qu'il avait reçus dans la maison.

M. Jametton (n° 43), né à Lyon, professeur très apprécié de la manécanterie de Saint-Polycarpe où il avait été élevé lui-même, ne resta que cinq à six semaines à Saint-François-de-Sales, et mourut avec une sainte résignation, le 25 mars 1897, à l'âge de 29 ans.

M. Dissard (n° 18), né à Renaison, mort le 12 avril 1897, à 77 ans.

C'était un prêtre d'une foi vive, d'une rude et solide piété, mais que ne dirigeait pas très bien le jugement. Dieu, qui ne voit que les intentions, l'aura sans doute récompensé quand même, mais l'administration diocésaine ne put guère l'utiliser. Il avait été vicaire et curé dans différents postes, mais partout il s'était rendu impossible. Il avait essayé des diocèses étrangers; il était allé à Beauvais, et n'avait pas mieux réussi. Il porta à Rome ses plaintes rédigées dans un mémoire incompréhensible, et Rome n'avait pu redresser son jugement. Enfin, après un long séjour à Renaison, il vint à Saint-François-de-Sales, qu'il avait déjà habité à d'autres époques. Malheureux et aveugle, il mourut avec une patience admirable et dans les sentiments de la plus vive piété.

M. Dupuis (n° 16), né à Lamure, mort à 60 ans, le 15 mai 1897.

Prêtre très intelligent et sujet très complet, il avait eu une brillante carrière. Vicaire à Sainte-Marie, à Saint-Etienne, curé de Sain-Bel, de Perreux et de Saint-André de Tarare, partout il avait fait le bien avec succès. Mais, par suite d'une attaque, il éprouva une lésion au cerveau, et dès lors déclina rapidement, jusqu'à l'anéantissement total de ses facultés. Il passa deux ans à Vernaison, doux et paisible, ne marchant pas et faisant manœuvrer habilement avec les mains, dans le vestibule, le fauteuil roulant sur lequel on le plaçait. On était peiné de voir dans un tel état, un homme qu'on avait connu très intelligent. Il s'éteignit sans douleur, laissant à ses nombreux amis un excellent souvenir.

M. Rivoire, né à Grandris, mort le 4 décembre 1897, à 69 ans, après vingt ans de séjour à Vernaison. Il n'avait été ordonné prêtre qu'à trente-quatre ans ; il avait eu de bonne heure diverses infirmités qui ne lui permirent de remplir utilement presque aucun ministère. Il mourut dans les sentiments de la foi la plus vive.

M. Pardon (n° 23), né à Saint-Marcel-de-Félines, mort à 58 ans, le 12 janvier 1898, après un séjour de deux ans dans la maison.

C'était un prêtre de mérite, un homme zélé et un excellent confrère, qui avait rempli, soit à Montagny (Loire) comme vicaire, soit à Artun comme curé, un bon et laborieux ministère. Lorsqu'il se sentit frappé par la maladie, il voulut se retirer à Vernaison, et non point dans sa famille, comme on l'y engageait : « C'est là, disait-il, la place d'un prêtre, et c'est là qu'on apprend à mourir. » Il l'apprit, en effet, et fit la mort la plus édifiante. Il est inscrit au tableau des Bienfaiteurs.

M. Deveraux (n° 16), né à Lyon, mort le 23 janvier 1898, à l'âge de 68 ans.

Ce prêtre, à bonne et douce figure, avec une santé faible et délicate, a passé sans faire de bruit.

Vicaire à Sainte-Anne, à Lyon, curé à la Chapelle-en-la-Faye, à Notre-Dame-de-Vernay et à Cercié, et enfin aumônier à la Visitation de Vassieux, partout sa santé délicate lui a rendu difficile le ministère des âmes que, dans son zèle, il aurait pourtant beaucoup aimé. Il resta un an à Vernaison, et se prépara à la mort qu'il sentait approcher.

Durant sa longue et douloureuse maladie, il ne laissa pas échapper une seule plainte, et se montra d'une incomparable résignation. Son nom est inscrit au tableau des Bienfaiteurs, et inscrit aussi, je le crois, sur les registres du ciel.

M. Baraille (n° 20), né à Saint-Etienne, mort le 7 avril 1898, à 25 ans, après dix-huit mois de séjour.

Ce jeune abbé arriva du Grand Séminaire n'étant que sous-diacre. C'était une fleur parfumée, mais, hélas ! une fleur blessée à la racine et qui devait bientôt se faner et périr. Il reçut dans la maison le diaconat et la prêtrise ; il put ainsi, avant de mourir, monter au saint autel, comme il l'avait si ardemment désiré, et offrir le Saint Sacrifice une douzaine de fois. Il prononça ensuite, sans regret et avec une vive piété, son *nunc dimittis*.

M. Matricon (n° 29), né à Saint-Etienne, mort le 9 avril 1898, à 73 ans, après trente-quatre ans de résidence dans la Maison de Saint-François-de-Sales.

Ce prêtre excellent avait été d'abord vicaire à Saint-Jean-d'Ardières, à Luriecq et à Echalas; mais la faiblesse de sa santé ne lui permit jamais de déployer tout le zèle sacerdotal qu'il portait au cœur. Il vint à Vernaison tellement déprimé par une fièvre typhoïde, pendant laquelle il avait été mal soigné, qu'il n'avait plus de force, pas plus au moral qu'au physique; sa volonté, tout comme ses membres, était dans un état de prostration complète. De sorte que les religieuses qui s'en occupaient, l'asseyaient sur un tabouret dans leur salle de travail, et le laissaient là de longs moments sans que le pauvre malade songeât à se déplacer. Cet état dura des années; mais grâce à des soins minutieux et délicats, sa santé s'améliorait peu à peu. Une circonstance qui tient du miracle contribua à le rétablir presque complètement.

Dans sa reconnaissance envers M. Gomot, ancien curé de Moulins, qui lui avait témoigné une bonté toute paternelle, M. Matricon voulut, à la mort de cet homme bienveillant, faire dire à son intention une neuvaine de messes. Il arriva qu'il ne put trouver pour cela aucun prêtre disponible. Alors le malade, électrisé en quelque sorte par son désir, retrouva volonté et énergie, et se mit à dire ses messes. Depuis ce jour, il a continué de monter au saint autel, et Dieu lui a rendu des forces suffisantes pour lui permettre d'opérer beaucoup de bien dans la maison, et de rendre à ses confrères de nombreux services.

Ce prêtre simple et bon était l'homme de confiance de tout le monde, prêtres et religieuses. Pendant que ses confrères lui confiaient les missions les plus délicates: testaments, intentions, valeurs, etc., le Supérieur le chargeait de commissions, de recettes, de bordereaux, de la bibliothèque et de mille autres détails. M. Brun, malade et languissant, lui confia pendant longtemps une partie de l'administration. Et le bon abbé, dans son dévouement pour la maison, acceptait volontiers toutes ces fonctions, et s'en acquittait admirablement. On l'appelait, par plaisanterie, *le cheval de renfort*.

Ces occupations ne l'empêchaient pas de penser à sa sanctification; il ne négligeait aucune de ses pratiques de piété, était de toutes les confréries possibles, avait part à de nombreuses indulgences, et exerçait ainsi, sans bruit, pas mal d'œuvres de charité.

C'est ainsi qu'il a passé sa vie, une vie occupée, heureuse et pleine de mérites. C'est encore en rendant service qu'il contracta la maladie qui l'emmena, une phlébite infectieuse qu'il prit dans une course forcée à Lyon, et qui l'enleva en trente-six heures. C'était un saint. Avait-il même jamais souillé la robe blanche de son baptême? Il fit la mort d'un saint! Il eut la faveur de mourir le Samedi saint afin de ressusciter le lendemain avec son divin Maître, qu'il avait si fidèlement servi et aimé toute sa vie.

On peut bien dire de lui la parole de l'Evangile : « Bienheureux les humbles! Bienheureux les simples parce qu'ils verront Dieu. » Il est inscrit à juste titre sur le tableau des Bienfaiteurs de cette maison à laquelle il était si dévoué.

M. Lentillon (n° 39), né à Chavanay, mort le 15 mai 1898, à l'âge de 48 ans.

Prêtre pieux, mais d'une pauvre santé, il ne put remplir aussi fructueusement qu'il l'eût désiré les divers postes où il fut vicaire. Il mourut à son second séjour à Vernaison de la phlébite dont il avait souffert toute sa vie.

M. Robert Augustin (n° 20), né à Usson, mort à 38 ans, le 18 août 1898, après six mois de séjour. On a dit de cet excellent prêtre ces paroles bien vraies : « Il est allé à Dieu avec sa foi, à ses amis avec son cœur, à tous avec son dévoûment et son affabilité. » Il montra ce dévoûment dans les paroisses où il fut vicaire ; et Haute-Rivoire, la Talaudière et surtout Sainte-Blandine, à Lyon, garderont longtemps son souvenir. Il vint à Vernaison en mauvais état et cet état s'aggrava rapidement. Dieu l'éprouva par la souffrance, comme on éprouve l'or dans la fournaise, et le trouva digne de lui. Ce saint prêtre mourut dans les sentiments les plus admirables de résignation et de piété.

M. Martinet (n° 23), né à Mâcon, mort le 21 août 1898, à 73 ans, après trois ans de séjour dans la maison. « Bienheureux les petits et les humbles, car le royaume des cieux leur appartient ! » Ces paroles sont bien applicables à ce prêtre modeste et pieux. Après d'assez brillantes études à Saint-Sulpice, il sut se contenter des postes les plus modestes : Civens et Notre-Dame-de-Vernay furent son lot. Il arriva à Vernaison, aveugle et dans un fâcheux état de santé ; ses facultés s'affaiblirent encore de jour en jour jusqu'à la fin. Une de ses meilleures joies était de rencontrer quelquefois Mgr le Cardinal Coullié, son ancien condisciple à Saint-Sulpice, qui le traitait toujours en affectueux camarade. Il s'éteignit doucement, et son nom est inscrit au tableau des Bienfaiteurs.

M. Rozier (n° 9), né à Crémeaux, mort à 78 ans, le 6 septembre 1898, après onze ans de résidence à Saint-François-de-Sales. Ce prêtre était animé d'une foi vive et d'un zèle ardent ; il mettait en pratique les paroles de saint Paul : *argue, increpa*, mais pas assez peut-être la suite du même texte *in omni patientia*. Il déploya ce zèle à Chazay, à Chazelles-sur-Lyon, à Saint-Genis-Laval, comme vicaire, et à Chagnon et à Saint-Sixte comme curé.

Il quitta le ministère paroissial pour venir à Vernaison, affligé d'une cécité complète ; et cette infirmité, il la supporta avec résignation et esprit de foi, ne regrettant qu'une chose, de ne pouvoir plus travailler activement au salut des âmes. A son lit de mort, il se montra soumis à la volonté de Dieu, au point de dire aux prêtres qui l'entouraient, ainsi qu'à ses neveux : « Priez pour moi, en demandant non pas que je guérisse, mais que je fasse une bonne mort. » Il s'endormit dans le Seigneur, et son nom est au tableau des Bienfaiteurs. *Beati mortui qui in Domino moriuntur.*

M. Charles Ambroise, né à Saint-Just-en-Bas, le 14 septembre 1817, fut un prêtre zélé et selon le cœur de Dieu. Vicaire d'abord à Mars, chez un de ses oncles, homme de mérite, il puisa là, ainsi que dans sa famille très chrétienne, le germe des vertus fortes et solides qui furent la base de toute sa vie sacerdotale.

Il fut ensuite curé à Sauvain, la paroisse de Pierre-sur-Haute, puis à Essertine-en-Donzy ; et c'est dans ces deux cures que, pendant plus de quarante ans, il donna la mesure de son zèle et de son dévouement.

C'était le bon pasteur, connaissant nommément tous ses paroissiens et l'histoire de toutes les familles ; c'était le prêtre bon, simple, accessible à tous, grands et petits ; l'homme de bon conseil, instruisant bien son peuple et veillant surtout à l'éducation de la jeunesse, qu'il voulait voir élever avec bonté, mais sans mollesse.

Cette aménité de caractère ne l'empêchait pas, lorsqu'il apercevait quelque désordre, de s'armer, comme le divin Maître, du fouet de l'indignation, et de fustiger les coupables. A Essertine, il avait trouvé la paroisse divisée, et l'un des chefs de parti étant venu l'engager à se placer dans son camp, il lui répondit avec fermeté : « Je suis le curé de tous et je ne serai d'aucun parti. » Cette droiture produisit son effet, et à Essertine il n'y eut bientôt plus de divisions.

Lorsqu'il quitta sa paroisse, il vint à Vernaison criblé de douleurs, et, sur les dix-huit mois qu'il séjourna dans la maison, il en passa plus de douze dans son lit, dans les souffrances les plus aiguës, qu'il supporta avec une résignation exemplaire.

Il oubliait parfois son mal pour dire une plaisanterie ou pour faire quelque réflexion pleine de sens, et, jusque dans son délire, il fut toujours, pour les prêtres et pour les religieuses, un sujet de grande édification.

Enfin il s'éteignit saintement, après s'être occupé jusqu'au dernier moment de ses dévotions, de ses œuvres, et de sa préparation à la mort, 10 décembre 1898.

Ce prêtre de caractère et de solide vertu, repose en paix dans le cimetière de Vernaison, sous un gracieux monument dû à la piété de son neveu.

M. l'abbé Mille, né à Lyon-Croix-Rousse, le 27 avril 1821, fut ordonné prêtre en 1848. Les grâces du sacrement de l'ordre, qu'il reçut certainement avec une grande plénitude, influèrent tellement sur toute sa vie qu'il conserva toujours la ferveur première. Il suivit jusqu'à sa mort le règlement du grand séminaire, avec l'oraison, l'adoration du saint Sacrement, la lecture spirituelle, et cela tous les jours.

A sa sortie du séminaire il fut placé à l'Institution des Minimes, à Lyon, et c'est là qu'il passa sa vie sacerdotale tout entière, 50 ans.

Chargé d'abord de la surveillance, il se fit remarquer par sa finesse et son habileté à diriger les jeunes gens, tellement qu'on ne voulut de longtemps le relever, quoiqu'il l'eût désiré, de cette fonction difficile et importante.

En 1872, il fut nommé économe, et si ce n'est pas lui qui fit élever les belles constructions de cet établissement, il contribua du moins, dans une large part, à les payer.

En 1892, il quitta sa chère maison des Minimes pour entrer à Vernaison. Il y vint avec deux de ses anciens collègues, plus affaiblis que lui, M. Cholleton et M. Jaunery, dont il fut désormais l'appui et la consolation. C'est lui qui les encourageait, qui les égayait et qui chaque jour leur faisait la lecture spirituelle, ordinairement sur la préparation à la mort.

M. Mille fut pour la maison Saint-François-de-Sales un pensionnaire précieux. Animé d'un excellent esprit et d'une grande charité, il ne donnait que de bons conseils, aimait sincèrement ses confrères et en était aimé.

C'est lui qui, afin d'égayer les prêtres de la maison, donnait l'essor pour les divers jeux et les amusements; c'est chez lui qu'on se réunissait, l'après-midi, pour faire la partie. Mais dès que l'heure sonnait, en homme de règle, il levait la séance, et se rendait ponctuellement à la chapelle pour la prière.

La mort, à laquelle il se préparait depuis longtemps, la mort, qu'il se plaisait à regarder en face en passant de longues heures, du jour et de la nuit, auprès des défunts lorsqu'il y en avait dans la maison, la mort, dis-je, arriva pour lui inopinément, mais ne le surprit pas; il s'y attendait; il était prêt. Ses intentions, ses messes pour le repos de son âme, ses aumônes, ses œuvres pies, œuvres nombreuses, tout était préparé, écrit.

Il fut frappé d'une attaque de paralysie au moment où il se préparait à dire la sainte messe, et ne survécut que quatre jours, quatre jours de vives souffrances qu'il dut offrir à Dieu, car s'il avait perdu la parole, il n'avait pas perdu la connaissance. Il put faire le sacrifice de sa vie, et les dernières paroles que l'on put comprendre de lui, furent celles-ci : Mon Jésus, miséricorde !

Le 27 décembre 1898, il rendit sa belle âme à Dieu, après six ans de séjour dans la maison.

Il repose dans le cimetière de Vernaison, auprès de ses deux vieux amis, sous un élégant mausolée. Les prêtres de Saint-François-de-Sales, en priant pour le repos de son âme, garderont longtemps son souvenir.

ÉPILOGUE

J'ai ouvert avec respect le livre de la vie intime de ces chers et vénérés défunts ; et cela a été à ma grande édification. J'en ai compté cent soixante, morts dans la maison très bien préparés et que l'on peut compter parmi les saints.

Maintenant, je referme le livre en répétant :

« C'est ici vraiment la Maison de Dieu et la porte du Ciel. *Domus Dei est, et porta Cœli.* »

Je n'ai pu donner qu'un pâle reflet de ce qui se passe en réalité dans cet intérieur sacerdotal. Il faudrait être auprès du lit de souffrances d'un de ces vaillants apôtres, d'un de ces prêtres au cœur d'or et à la foi inébranlable, pour être édifié et profondément touché. Ce prêtre a quitté le champ de bataille où il s'était distingué, mais où ses forces ne lui permettent plus de combattre, et il s'est retiré dans l'asile de Saint-François-de-Sales, pour se préparer à mourir. Et alors, que de beaux sentiments dans son cœur ! Que de belles pensées dans son esprit ! Que d'actes de vertu dans sa vie ! Il prie, il se recueille, il médite, fait sa visite au saint Sacrement et célèbre le saint Sacrifice si ses forces le lui permettent, et s'il est trop faible pour célébrer, il va à la Chapelle, sert une messe avec grande édification et fait avec piété la Sainte Communion. Et ce travail, quelles belles vertus ne fait-il pas germer ?

Puis, lorsque arrive le moment suprême, lorsqu'on l'avertit qu'il va quitter la terre pour aller à Dieu, ce prêtre ainsi préparé, ce prêtre plein de foi et d'espérance, se redresse comme un vigoureux athlète ; il regarde la mort en face et la reçoit sans crainte.

*
* *

Je devais terminer ici par l'article nécrologique ; c'était naturel. Mais je dis comme certains curés dans leur prône : *Encore un mot !*

J'ai dit que l'on comptait cent soixante prêtres morts dans la Maison de Saint-François-de-Sales. Eh bien, par une coïncidence singulière, je trouve le double d'entrées, moins deux unités : 318 entrées. Par conséquent, il est mort, dans la maison, la moitié des prêtres qui y ont séjourné.

Parmi ceux qui sont sortis; il en est quelques-uns qu'on a été obligé de placer dans une maison de santé. Quelques-uns sont sortis pour aller mourir bientôt dans une autre maison ou dans leur famille. Ainsi le Père Marie-Augustin, capucin, le secrétaire intéressant de Mgr de Charbonnel, qui voulut, après un certain séjour dans la maison, aller mourir dans son couvent, aux Brotteaux. Ainsi, le saint abbé Peytel, aumônier des sœurs Sainte-Elisabeth, à Lyon, qui vint à différentes reprises à Vernaison, et fut toujours rappelé, enlevé, pourrait-on dire, par ces religieuses qui l'avaient en singulière et légitime vénération, jusqu'à ce qu'il mourût dans leur monastère. Ainsi l'abbé Gentilhomme, jeune prêtre intéressant, mort d'une hémorragie à Nice, où il était allé chercher la santé. Ainsi un abbé Baron, de Chalmazelle, ancien missionnaire de Cochinchine, qui sortit de la maison pour aller habiter dans sa famille, et qui mourut en route, en vue de la maison paternelle, mais avant d'avoir pu l'atteindre. D'autres, poussés par leur zèle, ont voulu trop tôt aller travailler à la vigne du Seigneur. Mais, hélas ! ouvriers de la onzième heure, ils se sont arrêtés bientot et sont morts peu après, avant d'avoir fini leur sillon. Ainsi M. l'abbé Jutet, maître de cérémonies à la cathédrale, venu à Vernaison en deux fois différentes, qui prenait à peine le temps de faire son traitement et courait de nouveau à son poste pour y mourir bientôt. Ainsi, M. Régis Peyrard, véritable *bibliothèque ambulante*, ce prêtre modeste et savant qui, après avoir séjourné dans la maison quelques mois qu'il appelait les plus heureux de sa vie, alla dans une aumônerie de Saint-Etienne mourir subitement de la maladie dont il se croyait guéri, une maladie de cœur.

Mais les plus nombreux sont les prêtres venus à Vernaison temporairement, pour une fatigue ou une convalescence, et qui, ensuite, pleins de reconnaissance pour la maison, sont retournés à leur poste pour continuer l'œuvre de Dieu.

Citons : M. Mayat, aumônier du Cardinal de Bonald, qui habita Saint-François-de-Sales à quatre reprises différentes. M. le chanoine Durieux, oncle de Mgr Geay, évêque de Laval, ancien professeur de Saint-Jean, ancien secrétaire de l'archevêché qui mourut dans sa famille à Saint-Symphorien-sur-Coise. M. Lajont qui fut plus tard un vicaire général distingué sous deux archevêques de Lyon. M. Buffet, un digne curé de Vaux-Renard, qui, en reconnaissance des soins qu'il avait reçus, envoya à Vernaison une barrique d'excellent vin. M. Napolier, curé de Saint-Eucher, à Lyon ; M. Murgue, mort aumônier des sœurs Saint-Joseph à Vernaison ; M. Targe, ancien professeur aux Hautes-Etudes.

Citons encore M. le chanoine Giraudier, aumônier de

l'hôpital militaire, qui, après y avoir fait, en 1856, une convalescence, est resté l'ami dévoué de la maison. M. le chanoine Putod, curé de la Grande-Eglise de Saint-Etienne, qui, depuis une convalescence faite à Saint-François-de-Sales, en 1895, a voulu être un Bienfaiteur de la maison, et y revient parfois visiter les prêtres infirmes, sans oublier les sœurs infirmières. M. Glattard, curé de Saint-André à Tarare, qui ne manque pas d'y faire sa visite annuelle. Citons M. l'abbé Chambon, l'excellent curé de Villemontais, qui est venu visiter Vernaison en 1897, et a voulu revoir la chambre qu'il avait occupée en 1863, la chapelle où il avait prié, et parcourir encore les allées où, jadis, il avait rêvé.

Je pourrais dire de même pour tous les prêtres qui ont habité Vernaison ; tous sont demeurés pénétrés de reconnaissance et d'affection pour cette maison. Tous se rappellent que, là, les prêtres sont heureux ; que, là, se pratique la fameuse devise qui n'est pas, il est vrai, écrite sur les murs, mais qui l'est dans les cœurs : Liberté, Egalité, Fraternité.

C'est, du reste, leur maison, la Maison des Prêtres, et Mgr le cardinal de Bonald, en la cédant en propriété au clergé lui-même, a voulu certainement lui imprimer ce caractère spécial.

Et il a réussi, car l'établissement de Saint-François-de-Sales est aujourd'hui non seulement apprécié, mais il est aimé. Mgr le Cardinal Couillé, dans une réunion de la commission, avait raison de dire :

« Nous sommes heureux de posséder une pareille maison. »

ERRATA

Pages

39	ne s'élevaient	*au lieu de :*	s'élevaient.
52	Supérieur Majeur	—	Supérieur Mayeur.
83-87	M. Barou	—	M. Baron.
125	M. Magat	—	M. Mayet.
126	M. Mey	—	M. Rey.
130	et *non* un des moins en vue,	—	un des moins en vue.
168	M. Cattet	—	M. Castel.
175	M. Giroud	—	M. Girond.

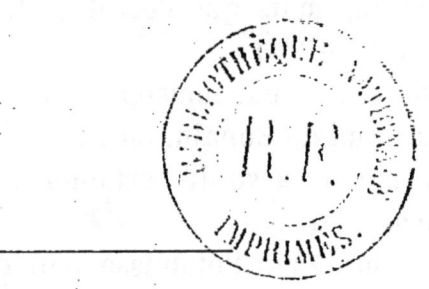

TABLE DES MATIÈRES

PREMIÈRE PARTIE

ÉRECTION DE L'ANCIENNE MAISON DE RETRAITE A LA CROIX-ROUSSE SOUS LE NOM DE SÉMINAIRE SAINT-POTHIN

	Pages
Supplique du clergé à l'effet d'obtenir cette création............	13
Accueil favorable de la supplique par Mgr de Rochebonne.......	15
Acceptation du Consulat....	15
Inauguration de la vie en communauté à la Croix-Rousse........	18
Lettres-patentes du roy.......................................	19
Enquête de *commodo et incommodo*	19
Délibération du Chapitre......................................	19
Délibération du clergé de la ville.............................	20
Consentement de l'archevêque	22
Enregistrement des lettres-patentes...........................	23
Achat de la propriété Garenja à la Croix-Rousse................	23
Il faut payer...	24
Quêtes dans le diocèse.......................................	26
Quelques fondations..	30
Le service de la maison	31
Le personnel des prêtres.....................................	31

Le Séminaire Saint-Pothin à l'Ile-Barbe.

Le cardinal de Tencin. — Intérêt qu'il porte à la maison........	34
Faveurs des anciens chanoines de l'Ile-Barbe..................	35
Pensions viagères exigées par les anciens chanoines....	36

	Pages
Décret à propos du port de Saint-Rambert.............	38
Ressources du Séminaire................................	39
Adjonction du prieuré de Denicé........................	40
Adjonction du prieuré de Montverdun...................	43
Econome infidèle.......................................	43
Fonctionnement du Séminaire...........................	44
Divers actes de décès..................................	46
Exhumation des ossements des caveaux..................	48

Suppression du Séminaire de Saint-Pothin.

Mort du cardinal de Tencin. — Mgr de Montazet........	50
La communauté fonctionne péniblement.................	51
Décret de suppression du séminaire....................	53
Délibération du bureau. — Enregistrement du décret....	54
Remise au Chapitre de la Primatiale de la part qui lui revient....	57
Vente du mobilier et du domaine et placement en rentes.	58
Pensions viagères.....................................	59
Durée du séminaire Saint-Pothin.......................	61
Statuts et Règlement du Séminaire.....................	62
Résurrection de la maison de retraite..................	77
Etablissement à Fourvière.............................	78
L'autorité ecclésiastique en cette fondation...........	79
Les religieuses Saint-Joseph appelées dans l'Etablissement......	79
D'où provenaient les ressources.......................	80
Mgr de Pins, nommé administrateur, s'occupe de la maison......	81
Souscription des cantons..............................	83
Création de la caisse de prévoyance...................	85
Heureux résultats de la caisse. — Recherche d'un local....	86
L'hospice fonctionne jusqu'en 1846. — Sa vente........	87
Ère nouvelle..	89

DEUXIÈME PARTIE

Maison de retraite actuelle des prêtres du diocèse de Lyon

Le cardinal de Bonald. — Fondation de Vernaison......	93
Achat de la propriété. — Son histoire.................	94
Lettre pastorale à l'occasion du nouvel hospice........	96
Souscriptions généreuses..............................	102
Construction de l'hospice.............................	103
Décret de légalisation de la caisse de prévoyance.....	106
Circulaire du cardinal à ce sujet.....................	107

	Page
Moyens indiqués pour entretenir la caisse	108
Etablissement de Vernaison. — Sa description	112
Ouverture de l'hospice	113
Mort de mère Elisabeth, supérieure	115
Démission de M. Sanquin, premier supérieur. — M. Giroud. — M. Menaide	117
Construction du palais de l'archevêque	118
Rétrocession de la propriété au clergé. — Déclaration d'affectation	119
Etat descriptif de la propriété	121
Mère-Sainte Rose. Améliorations et embellissements	123
Rusticage. — Balcons. — Statues de saint François, du curé d'Ars.	125
Achat de vignes	127
Mort de Mgr le cardinal Bonald	128

Mgr Ginoulhiac et Vernaison.

Nomination et installation de Mgr Ginoulhiac	130
Mort de M. Menaide, supérieur	131
Nomination de M. Brun	131
Améliorations opérées par Mgr Ginoulhiac	132
Buanderie. — Caves	133
Mort de Mgr Ginoulhiac	134

Mgr le cardinal Caverot et Vernaison.

Nomination de Mgr Caverot	135
Améliorations faites à Vernaison. — Remises et écuries	137
Le cardinal s'occupe de créer des ressources à l'hospice	138
Décret ministériel de 1883 organisant la caisse	140
Circulaire du cardinal organisant les élections	141
Organisation nouvelle	143
La première commission. — Son zèle	144
Mort de M. Pagnon, vicaire général	145

Mgr le cardinal Foulon et Vernaison.

Mort du cardinal Caverot. — Nomination de Mgr Foulon	146
Mort de M. Lajont, vicaire général	148
Démission de M. Brun. — Nomination et installation de M. Barbier.	149
Mort du cardinal Foulon	150

Mgr le cardinal Coullié et Vernaison.

Nomination et installation de Mgr Coullié	151
Sollicitude de Monseigneur pour Vernaison	152

	Pages.
Mort de Mgr Dubuis, pensionnaire	157
Améliorations dans l'établissement	159
Etat financier	162
Prospérité de l'établissement	162
Il fait bon vivre et surtout mourir à Vernaison	163
Appel au clergé	166
Liste des Bienfaiteurs	167
Nécrologe des prêtres morts dans la maison	170
Épilogue	232
Errata	236

Lyon. — Imprimerie Emmanuel VITTE, rue de la Quarantaine, 18.

LYON. — IMPRIMERIE EMMANUEL VITTE